PENSAMIENTOS Y REFLEXIONES PARA SANAR EL ALMA

Alejandro García El Mago

INDICE

COMO ME HACES FALTA VIDA MIA	9
MI PIEL, NO QUIERE SENTIR OTRAS MANOS	10
HOY NO ME SIENTO BIEN...Y NI QUIERO MOLESTAR	11
NO ME PIDAS LA PRUEBA DEL AMOR	13
ESTE TIEMPO NAVIDEÑO, NO ME GUSTA	14
YO NO PENSABA ENAMORARME MAS	15
AUNQUE ESTES AUSENTE, VOY A BRINDAR	16
AMOR, VEN Y BESAME LA FRENTE	17
POR MI MEXICO, ME FUI DISPUESTO	18
TU ANGEL ETERNO	19
EL DIA QUE YA NO ME MIRES IGUAL	21
HOY CERRO LOS OJOS, MI HEROE	22
A TRAVEZ DE TUS OJOS, VEO LA VIDA	23
EN ESTE INICIO DE AÑO, PROPÓN TU CAMBIO	24
COMO QUISIERA TUS DOLORES PADRE MIO	25
SUEÑA LINDO, MI NIÑA BONITA	26
YA NO LLORES POR MI	27
CUANDO TENGAS UNA NIÑA, TENDRAS UNA REYNA	28
MI PRINCESA, NO NACIO	29
NO COMETAS MIS ERRORES	30

ENAMORATE DE QUIEN TOQUE TU ALMA	32
NO TE DARÉ UN SERMÓN	34
ABUELO ¿QUE DEBO DE HACER?	35
ABUELO HOY QUIERO QUE ME ARRULLES	38
¡HAZTE RESPONSABLE!	39
SIEMPRE SEREMOS AMIGOS	40
MIENTRAS MIS OJOS TE VEAN	41
NO TENGAS PRISA POR CRECER	42
ME ENAMORE DE TUS OJOS Y AL VER TUS LABIOS…	43
MI ALMA, SE CONVULSIONA...POR SENTIRTE	44
HOY BESE TU ALMA	45
QUIERO SER TU MEJOR RECUERDO	46
AHORA ENTIENDO TUS OJOS PADRE MIO	47
ME GRITO MIL VECES QUE ME DESPERTARA	48
YA ESTOY CANSADA DE TI	49
BUENAS NOCHES CIELO	50
DONDE ESTA, MI NIÑO	51
YO NO QUERIA DEJARTE IR, MADRE MIA	52
ACEPTA MI MUERTE...NO BUSQUES MAS PRETEXTOS	53
NO PUEDO DETENER EL TIEMPO…	54
NESECITO SENTIRME AMADA	56
MIENTRAS DORMIAS	57

APRENDIENDO A VIVIR	58
CÁLLATE Y DÉJAME SER…	59
CAUSA JUSTA	60
HACER EL AMOR, SOLO ES CONTIGO	61
MI HIJA YA CRECIÓ	62
HASTA EL ULTIMO LATIDO CIELO…	63
GRACIAS INFINITAS POR HABER EXISTIDO	64
SE ME QUEDO EL SABOR DE TU PIEL	65
ESTE AMOR A PAUSAS, NO ME GUSTA	66
AQUÍ TRAIGO TUS CENIZAS AMOR	67
PENSE, QUE YA NO TE AMABA	68
ESTA GUITARRA ME ESTA FALLANDO	69
PAPÁ, NO ME SIENTO BIEN	70
HOY ME PREGUNTARÓN, QUE ES LA MUERTE	72
EL DÍA QUE YA NO ME QUIERAS	73
EN MIS ORACIONES ESTAS	74
EL DÍA QUE PUEDAS, ACUERDATE DE MI	75
TUS OJOS SON LA PRIMERA LUZ	76
DELIRANTE	77
SOLO UN REGALO ES MI DESEO…SOÑARTE	78
VOY A SEDUCIR, TUS LABIOS	79
CUANDO SE NOS VA, UN SER QUERIDO	80

QUE HERMOSA ES ESTA VIDA	81
¡ALTO! A MI, YA ME TOCAS…	82
HERMOSOS ESOS TIEMPOS	84
EL DUELO DE MI PIEL	85
ESTE MIEDO ES MIO, PERDONAMELO	86
NO SABES AMOR, LA FALTA QUE NOS HACES	87
LA QUERIA MAS QUE A MI VIDA	88
TE SUELTO O ME QUEDO EN EL INTENTO	90
NO TE EQUIVOQUES HIJA	91
NO INTENTES BESARME JAMAS	92
ESTE DOLOR, NADIE LO ENTIENDE	94
DESDE QUE ME VI EN TUS OJOS, SOÑABA CON ESTE DÍA	95
ME VOLVI A ENAMORAR Y FUE ETERNO	97
ENTONCES ME QUEDO QUIETO Y ENCERRADO	98
CADA DÍA, CADA NOCHE…TE AMARE	99
NO HAY QUE LLORAR…HAY QUE AGRADECER TU EXISTENCIA…	101
ESTA VIDA HAY QUE AMARLA	102
NO PUEDO HACERTE MAL	103
NO SE MUERAN SIN AGRADECER A DIOS	104
NO VOY A DEJARTE SOLA	106
GRACIAS POR EXISTIR	107
ESTA ES MI SANGRE MADRE	108

SE ME ESTA MURIENDO UN BESO	109
NOS TENEMOS QUE IR AMOR	110
ESTE ES MI CIELO, PARA TODOS	111
ACASO NO TE DUELE…	113
TU ESPACIO ESTA VACIO, Y COMO DUELE	114
¿QUE ESTAS HACIENDO PADRE?	115
YO VOY A CRECER ANTE TODO	116
HOY ME PERDONO	117
NO HAY EDAD PARA MORIR, NI PARA SUFRIR	118
EL DIA QUE YO MUERA SEÑOR	119
AGRADECE A DIOS, TÚ AMANECER	120
HOY ME DESPERTE LLORANDO	122
CUANDO LO VI MORIR	124
HISTORIAS DE VIDA	125
EL DÍA QUE YA NO DESPIERTE, NO TE ENOJES CONMIGO	127

DEDICATORIA

A todos y a cada uno de ustedes mis seguidores que me alimentan con sus historias y ocasionan en mí la esencia perfecta de tantas emociones encontradas para poder plasmar ese dolor sentido en cada perdida familiar, esa sonrisa en el amor mismo y ese levantamiento de fuerza para luchar ante cualquier evento de nuestra vida, para seguir respirando a Dios cada día.

A mis padres: Juan Antonio García Espinoza y Concepción Ortega Alvarado, que me dan la entereza y el ejemplo de cómo se lleva la vida, ante cualquier circunstancia.

A mi hermosa familia, a mis amados hijos, a mi inigualable esposa que siempre está conmigo…

Sinceramente gracias a todos por seguirme en este sueño de seguir escribiendo, por mi primer libro…

El Cazador de suspiros y ahora mi segundo libro,.. Pensamientos y reflexiones para sanar el alma

PROLOGO

Soy un ferviente defensor de los pensamientos positivos, debo reconocer que en ocasiones puedo excederme un poco en cuanto a la dosificación de la estrategia hacia las personas sobre la importancia de alimentar nuestra mente con pensamientos poderosos y afirmaciones que sujetan la fe con tanta intensidad que la única luz que se enciende es la de la esperanza.

Si hablamos de alimentar el alma y el espíritu, debemos estar conscientes de que se requieren los insumos para que el alimento cumpla sus objetivos, en este libro que estás a punto de leer mi querido lector; encontrarás esa materia prima que, en las dosis de lectura indicada, alimentará no solo tu alma y tu espíritu, sino que le dará un enfoque y dirección a tu vida.

Mi amigo Alejandro García, "El Mago" sabe cómo conectarse contigo en un estilo muy propio y con una esencia que es inspirada desde lo alto. Cuando tuve la oportunidad de conocerlo y me transmitió ese sueño de escribir su primer libro, observé un brillo en sus ojos que proyectaron entusiasmo y sabía que esa meta la iba a alcanzar, y vaya forma de lograrlo, su primer libro EL CAZADOR DE SUSPIROS fue un rotundo éxito y eso lo animó a seguir su pasión, y aquí nos tiene amigos, atentos a esta su nueva obra, que a propósito déjenme decirle que una vez que empecé a recorrer el contenido, no pude parar, estoy seguro que vivirás una experiencia similar una vez lo adquieras.

Muchas felicidades mi estimado "Mago" envuélvenos con tu magia para escribir y le pido al señor te siga otorgando esa luz para que ella, ilumines intensamente el camino de la esperanza y del amor.

Se despide con admiración y respeto tu amigo...

Jaime Valencia

COMO ME HACES FALTA AMADA MÍA

Como me haces falta amada mía… a ti no voy a mentirte, esta soledad es abrumadora y lastima a diario mi alma que tanto te necesita...me muestro fuerte ante todos y sonrió lleno de tanta nostalgia ante este espejo tratando de mirar ese hermoso reflejo de tu alma en la mía que siempre me dejabas cuando me sonreías, y te lo decía amor no dejes nunca de mirarme ni de sonreírme que me llenas de tanta dicha y vida...y te lo confieso amor mi gran amor de paz, que te sigo viendo en todas partes de la casa, te sigo oyendo y hasta te lo juro que siento tu mirada cuando de repente me porto mal y no quiero comer...o me voy a la cama y no quiero despertar más por seguir soñando contigo... Es que te extraño tanto...estas manos que tanto tiemblan de la ansiedad por tocarte, siguen esperando esa dicha...

Admito que solo duermo pensándote y abrazándome a tu almohada que tiene ese hermoso aroma de tu piel...y me he despertado besándote y mucho hasta la saciedad hasta sentirte...hasta que esta realidad hiriente me sacude el alma y lloro besando una y otra vez tu almohada...siento tu esencia en mí, cariño de mi vida...sigo en lo mío trabajando en lo que puedo...y sigo en la iglesia con mi montón de llaves de las que siempre te reías...nuestros nietos están creciendo están haciendo su vida, casi no vienen no tienen tiempo, es la vida lo se… y nuestros hijos, que te digo...al menos algunos están al pendiente de su viejo padre y me cuidan y me hablan cuando pueden...Como me haces falta amada y cielo mío...quizás ya pronto iré, háblale a mi Dios de mí y de lo terco que soy pero dile que soy quien te amo por sobre todas las cosas y que me ayude a reencontrarte ante mis ojos otra vez...esperando que sea pronto…Mientras a seguir la vida que hay ejemplos que dar y tanto, tanto, por contar miles de historias, que sé que las repito, pero a mí me encanta recordar cuando éramos jóvenes y mostrarles a todos mi gran amor y devoción por ti...mi gran dama amada mía…

MI PIEL, NO QUIERE SENTIR OTRAS MANOS

Vivamos este amor a plenitud de vida misma, mi piel no quiere sentir otras manos que no sean las tuyas...créemelo amor que podría morir en paz de tanta dicha que me das...

Encuentro tanta paz en tu mirada que me colma y transparenta tu alma... esos labios que siempre no terminan por llenarme de ti...admito que siempre quiero más de ellos...

Y nuestra esencia misma se muestra en cada entrega mutua...

La luna me lo dice cada noche...pues escucha los suspiros de nuestras almas...

Que sea por siempre con sabor a eterno este amor que es pleno...que nuestras pieles se griten y necesiten, que logren siempre esa pausa que termina en intensa locura...

Y sé que llega nuestra hermosa calma con sabor al cielo mismo...cuando despierto entre tus brazos...y tu acurrucada en mi...besándome el alma...

Hoy te escribí un par de besos en la almohada para que te despertaras más amada...

Pues al trabajo tenía que ir... y siempre me voy suspirando, por lo que dejo, por lo que sé que me espera...hermoso ser de mi existencia agradezco tanto a Dios...este pedazo de cielo que me dio...y respiro lento llenando mi corazón... de tu mirada, de tu piel...de tu boca...que es tan mía y de mi piel...

Vamos a seguir la vida y a demostrar que el amor existe...

Vivamos este amor a plenitud de la vida misma hasta que nos lo permita Dios...

Amor hoy te lo digo pleno tan lleno de ti... mi piel no quiere sentir otras manos ni otra boca que no sea la tuya...

HOY, NO ME SIENTO BIEN, Y NO QUIERO MOLESTAR

Hoy no me siento bien… y ni quiero molestar, la verdad… se trata de mí y mi verdad… me enfrento a mi situación de vida y resolución…vivir o morir esa es la cuestión… sin importar nada de lo que dejo o lo que me duela…será mi corazón y mi alma misma quien se afronte a esos detalles de la vida que dejo… ¿entonces como dejo mi pregunta dentro de mi tristeza?… y no podre llorar ni sentir siquiera porque mi espíritu no deja…Nada que sentir ni llorar… al final nada que preguntar… ni hablar, ni pensar siquiera…

Se trata de trascender hacia otro destino, otra forma espiritual…preparado o no…

Ahí voy como Dios manda… si hice bien o mal conforme voy… creo que no fui tan malo y deje buenos ejemplos de vida con mi descendencia… que se preocupen otros…

Que malos fueron y no pensaron en la sangre que dejaban… terminaran pagando cada daño…que te recen rosarios es bueno…como descansa el alma que sigan orando… que cada quien sea juzgado…hoy no me siento bien… la verdad ni quiero molestar…sé que vieron mis ojos tristes y mi actuar diferente y más pasivo… perdónenme quizás ya presentía que me moría y no quería decirlo… y para que decirlo… al final de cuentas de cada quien es ese el destino…pero cada quien se muere en su dicha o en su vergüenza…

Tengo tanto que agradecer a mi Dios mismo…hermosa sangre que dejo…hermosa dicha de lo que dejo…hermosa existencia… me voy colmado en virtudes y satisfecho…

Y dejo letras que serán eternas mientras sean leídas...hermosa gloria...no cualquiera la tiene...

Hoy solo no quiero molestar de decir que me muero...y si me muero probare esa eternidad de vida...que no podré contarles... aunque quizás lo habré dicho a pausas...entiendan no venimos a vivir... venimos a aprender, de esta vida...

¿Me explico? Deja la amargura y tus insolencias al mundo... mejor dime lo que vas a aportar antes de morir...antes de sentirte mal... y ya no te molestes en molestar...

Ubícate y ya no molestes... has de esta vida una dicha no una desdicha...

NO ME PIDAS, LA PRUEBA DEL AMOR

Ya no me insistas, sabes que te amo ¿qué más prueba quieres de mi gran amor por ti que llegar pura al altar para ti?...

Solo para ti, lo que más deseo en esta vida es ser tuya a cada momento y me estoy conteniendo y mi alma lo sabe, pues tus besos y acercamientos me provocan tanto...

Quiero que siempre te sientas orgulloso de tenerme cuando descubras con amor y tu pasión que mi virginidad la guardaba para tu piel y tu esencia misma...

Te pediría entonces que me trates con dulzura cada poro de mi piel...

Y llegado ese momento podría embriagarme de tu locura contenida por la espera de tenerme...

Déjame demostrarte mi amor y demuéstrame el tuyo... esperando ese gran momento

Confía y mantenme enamorada hasta que me beses en el altar, ese día será de dicha y seré toda tuya... colmaremos extasiados nuestra gran historia de vida y amor mismo...

ESTE TIEMPO NAVIDEÑO, NO ME GUSTA

A mí me duele este tiempo de fiestas, no logro superar a mis ausentes...como me duele no verles ni sentirles...como quisiera sus besos en mi frente y sus miradas...Más uno nunca piensa en perder a nadie...somos tan superficiales y carentes de aprovechar esos momentos que podemos tener en ellos...

Y vemos su tristeza en sus ojos como avisándonos que se nos van, que están por terminar y que hacemos...volteamos la mirada, nos duele pensar en perderlos...No tenemos esa fuerza de enfrentar tan tremenda mirada...

Tan simple como abrazarles y mostrarles nuestro amor eterno...mirarles de frente y decirles ese amor pleno que por ellos sentimos y que estamos con ellos hasta el fin de nuestras vidas...

este tiempo navideño... no me gusta...por lo que pierdo cada año... más cada año la vida te ofrece nueva vida y más por quien seguir riendo...hermosa descendencia y como nos mueven esos pedazos de vida nuestra que son nuestra sangre...Y que son capaces de hacernos sonreír con su sola mirada y sus tremendas travesuras...

mi abuelo lo decía se trata de vivir esta vida y sentirla... sabiendo que morirás y volverás a nacer en tu sangre misma...el ave fénix somos nosotros mismos, somos agua y fuego mas no reconocemos tremenda oportunidad de vida...somos únicos tan semejantes a Dios mismo... y tan terrenales que no sabemos apreciar la vida misma...

Este tiempo navideño...no me gusta...más me queda claro que es cambio... hermoso nacimiento del mejor de los hombres...Jesús cristo mismo...se trata de aprender en esta vida lo que está mal para mejorarlo...hermosa diferencia...

YO NO PENSABA ENAMORARME MÁS

Bendita vida y bendita oportunidad de amar...como renegaba, pensaba que para mí esa belleza del amor no existía... y lo sintió mi cielo cuando en tus ojos se vio...y fuiste cautelosa envolviéndome a besos hasta en suspiros dados...y ese retoque maravilloso de la música celestial de tu voz diciendo mi nombre...

De alguna manera coincidiste en mi piel, tocando cada fibra de mis sentidos... y yo que ya no pensaba enamorarme más...menos de tan hermosa mujer...en que momento no te perdiste de mi encuentro... yo ni siquiera miraba a nadie, pues a nadie buscaba.

Lograste ese milagro de dicha para mi alma y usaste esos ojos lindos que lograron hacerme verlos y quede encantado ante tanta esencia colmada...y sonreí ante tu sonrisa cautivante... y esos labios que lograron antojarme para besarte hasta colmarme y colmarte a dichas plenas... sabiendo ya lo que sentía mi alma total y a escondidas....

Bendita alma para mi aparecida, bella y necesaria para sanar ese esencia que tanto te necesitaba... cerré los ojos enamorado...al fin Dios mío me la mandaste y es toda para mí...este hermoso ser que me das... y ya no pensaba enamorarme más...más ahora quiero vivir hasta morir disfrutando de tan hermosa dicha que ella, con solo verme, besarme y tenerme... me hace bendecirla...

AUNQUE ESTES AUSENTE, VOY ABRINDAR

Aunque estés ausente...voy a brindar en esta navidad...por volver a verme en tus ojos, seguiré extrañándote por siempre… cada año seguiré pidiendo ese milagro de encontrarte...te sacaron de mi vida de golpe...me robaron tu sonrisa mas no tu esencia...esa se quedó conmigo y en casa… mis ojos te siguen viendo en cada rincón de la casa y tu inolvidable sonrisa...me mantiene vivo…

Voy a ser eterno en tu búsqueda y espera siempre con la fe puesta en Dios… si vieras como te sueño besándome la frente, pidiéndome que deje de llorarte...que algún día otra vez estaremos de frente...ojala así sea te lo digo… si no, Dios mismo me permitirá morir con tu nombre entre mis labios…

Y me convertiré en tu ángel protector si sé que sigues con vida...si no… será claro que vendrás por mí a sanar mi alma que quedo tan lastimada por tu ausencia…

No sé si te secuestraron...o quitaron la vida...o simplemente decidiste irte de mí…Aunque eso último, no lo creo…

No te dejo de mis oraciones, cada día, cada noche...hasta en mis insomnios te rezo mi pedazo de cielo…mi hermoso credo…mi alimento de tus recuerdos para que resista mi alma que tanto te ama… Y te quiere recuperar...voy a seguirte rezando para colmar mi alma y la tuya…

Aunque estés ausente...en esta navidad y en tus cumpleaños, siempre brindo y pido de deseo volver a verme en tus ojos, llenarme de tan hermosa esencia… y colmarme de tan bella sonrisa que siempre me ha dado vida en los recuerdos que tengo de tu vida conmigo...quiera Dios esa dicha de darnos, y nuestras almas se abrasen eternamente…

AMOR VEN Y BESAME LA FRENTE

Amor, ven y bésame la frente... me encanta que me des vida, me haces sentir dichosa de lo que significa ese beso si lo das con el alma misma...postrer bendición, disfruto sentir esa hermosa protección de tu ser hacia mí...nunca dejes de hacerlo...nunca...

Me haces cerrar los ojos para sentirte...me haces sentir totalmente amada…

Espera amor déjame decirte esto que mi alma siente, no me desnudes todavía, colmate de mí ser y esencia primero...empieza por desnudarme el alma que se siente tuya, como yo te siento mío en completa armonía de nuestras pieles y sentidos...

Ahora voy a besarte yo sin detenerme en nada, empezare por tu frente y acabare con tu espalda...me dejare llevar en el ritmo de nuestros sentires aunque tiemblen nuestras pieles entre nuestras manos y nuestros labios...que jamás serán cansados por los tiempos mismos…

Amor, envejezcamos juntos sin dejar de ser lo que somos...uno mismo...ven y bésame la frente y abrázame fuerte para sentir nuestras almas respirándose y amándose hasta la saciedad eterna de la vida que nos toque vivir...hagamos de esta historia verdadera, para causar suspiros a quien crea en el amor...y enseñemos a los amargados que vale la pena vivir amando con el alma misma…

POR MI MEXICO, ME FUI DISPUESTO

Por mi México me fui dispuesto a luchar contra ese mal que tanto daño nos hace…ese día por fin salía franco…estaba feliz iría a visitar a mi familia, a mi linda esposa y a mi niña casi recién nacida…ya soñaba verme en sus ojos y besarla colmado y feliz por tenerla entre mis brazos….dormirla en mi pecho cantándole lo que se me ocurriera… solo quería sentirla en mi… a mi hermosa niña…

y lograría esa dicha de decirles a mi esposa, a mis padres y mi familia que esto de servir a mi país como me llena toda mi sangre… y a punto de irme del cuartel, llego la emergencia de movimiento de gente armada, no pensé más que en defender a mi gente y a mi país...

Y sé que perdí mi sangre defendiendo la verdad contra ese mal, que tanto daño nos causa…pero juro que yo quería ver ese orgullo de sus miradas en mí… por mi esfuerzo por la paz tan necesaria que nuestro México llora…y necesita.

Sé que morí en ese esfuerzo, mas no deje de luchar en ningún momento…y no me arrepiento de ninguna forma en mi decisión de protegerlos a ustedes…

A mi sangre misma que tantos valores me enseñaron y me indujeron a buscar siempre mi verdad de hacer siempre el bien…y que el bien siempre triunfa sobre el mal…

y a eso me expuse la verdad padre mío… no me arrepiento…esta paz que Dios me da me deja claro… que soy parte de sus Ángeles celestiales protectores de la humanidad que seguiremos luchando eternamente para cuidar de nuestro cielo que los buenos nos merecemos… y que siempre ganaremos

TU ANGEL ETERNO

Era un día normal como cualquiera, mi niño el más chico de travieso abrazándome diciéndome cuanto me amaba... Estaba feliz de ir a la casa de sus abuelos y sus tías...

Su papá allá nos vería, todo empezó súper lindo mi hijos bien contentos... todo iba bien mis niños estaban felices gozando de la familia...yo ocupada atendiendo y ayudando en la reunión familiar quería que todo saliera bien...quería que mi padre se sintiera a gusto...era su cumpleaños...

Tuve una imprudencia que siempre me dolerá, pero estaba en familia y en casa de mis padres ¿qué malo podría pasar? ...

Pues paso lo inimaginable y aun no sé cómo sigo viva...sentí un golpe en mi pecho y un gran desespero, mis ojos no miraban a mi niño por ningún lado...le pregunte a su hermano por el más chico, le pregunte a su tía y abuelos nadie sabía nada, como es posible esto, me puse como loca a buscarlo tenía un mal presentimiento ya lloraba a gritos de desespero, nadie me calmaba...

Todos empezamos a buscarlo...mi madre y yo lo encontramos...aún recuerdo mi grito de dolor pues con eso me despierto cada día...y con esa imagen de mi niño dentro de la cisterna ahí flotando...como pude lo lleve a emergencias, no tenía paz, no podía creer esto que me estaba pasando...mi hijo se murió ahogado...me desmaye y no supe más...desperté y termine detenida por homicidio imprudencial...

Mi suegro y cuñadas me calumniaron, me dijeron que fue mi culpa...mi esposo, termino por dejarme...ya no le importó más y se entregó a la bebida, dejándome sola y con mi otro niño... que no logro mirarlo de frente, no sé qué decirle de cómo se acabó esta familia hermosa que teníamos....

Yo quiero morirme, no sé cómo aún sigo viva...a la casa de mis padres ya ni siquiera voy...me lastima todo, maldita imprudencia mía...

Anoche soñé con mi niño y me dijo mami ya no llores más, yo tuve la culpa perdóname...cuida de mi hermano que él te necesita, si mi amor le dije, yo lo cuidare,

Y de mí quien cuidara...me miro tan lindo y hermoso...y me dijo...

Yo madre seré tu ángel eterno...recupera tu fe y no dejes de hacer tus oraciones...

La imprudencia fue mía, no tuya...perdona a los que te juzgaron... te amo eternamente...

EL DÍA QUE YA NO ME MIRES IGUAL

El día que ya no mires igual...se romperá mi alma, no habré sabido alimentarte el alma...quizás mis tiempos o los tuyos...o dejamos perder nuestro tiempo...ya pensándolo bien quizás también yo no te miraba igual… nos ganó la vida y el tiempo sin saber alimentar el alma nuestra...fantasmas horribles de confusión… y nos dábamos la vida... y nos olvidamos de vivirla… ya no se quien tiene que disculparse…
A donde se fue nuestra armonía si nada nos faltaba...éramos los dueños del amor…
Cuantas tonterías te decía y me decías...y la razón nadie la tenía…
Tu aprendiste de mí y yo de ti...cada entrega era divina sublime incluso nuestro hermoso despertar...no, nos enseñamos a vivir sin nuestros besos...cada mirada diaria entre nosotros era necesaria...se nos envolvía hasta el alma…

el día que ya me mires igual o yo ya no te mire así… hagamos una pausa de nuestros latidos...besarnos el corazón de solo vernos...era estrategia pura desde que llegamos a vernos de frente era sentirnos vivos...no permitamos que llegue una distancia y menos un olvido...seamos sinceros del alma, nuestro amor no es una mentira…
prometimos amarnos y nunca olvidarlo...sin dejar nuestro calor entre nuestros besos que en comunión estaban a diario, hasta en sueños brindados… en las buenas y en las malas nos dijimos y hasta besos robados hubieron dentro de nuestras promesas a suspiros dados...prometimos algo amor, al envejecer o perder la memoria de nuestra historia…
Que el que estuviera consciente lucharía con la misma intensidad de seguirnos amando…

HOY CERRO LOS OJOS MI HÉROE

Hoy cerro los ojos mi héroe...cuantas batallas ganadas padre mío, cuantas experiencias y ejemplos dejados...como me cuidaste y como me formaste padre mío...nunca dejaste de ser esa hermosa guía para mi espíritu...hermosos consejos siempre atinados y a tiempo...que orgullo tener dentro de mi tu sangre...que ahora vierto entre tus nietos y tu descendencia...como les contare de ti mi viejo hermoso...Ni tu cuerpo ni tu mente son lo que eran...esa memoria se fue borrando...sé que me escuchabas pues siempre atento estabas...te me fuiste a un mundo donde ya no estaba yo...más nunca deje de cuidarte, te llene de recuerdos la casa con fotos tuyas y de tus medallas logradas en tu existencia divina...como las mirabas llorando...Dios me bendecía cuando tu mirada volvía y me abrazabas llorando y me pedías perdón por el olvido...yo te besaba la frente padre mío y te lo decía cual olvido...mientras me miras con tanto amor y tan profunda tu alma...me dejaste tanta esencia de ti y tanto recuerdo padre mío...aunque no pronuncies mi nombre...sé que no lo recuerdas...Te me escapaste tantas veces y las mismas te busque...tu siempre me ayudaste nunca dejaste de ser mi ejemplo y mi hermoso guía...ahora me toca cuidarte...te me convertiste en niño padre mío...que yo jure nunca descuidarte...la última vez que me miraste sé que algo querías decirme... que te pasa padre...sonreíste...nada hijo mío, este roble se desploma voy a morir durmiendo...me hiciste llorar viejo y no deje de verte...solo atine abrazarte...me diste un hermoso beso...te amo hijo bendicido estoy contigo...por dentro de mi te conteste...más bendecido estoy yo por tenerte como padre...ya solo te abrase y te lleve a tu cama...hicimos oraciones y me dijiste como cuando eras mi niño...si papá ahora eres tu mi niño...sonreíste y dijiste que bien, dame el beso que yo te daba...y te bese la frente bendiciéndote....
Y cerro los ojos mi héroe...por la madrugada su sueño se hizo eterno

A TRAVÉS DE TUS OJOS VEO LA VIDA

Nunca te dejare de besar mostrándote evidencias de nuestro gran amor...desde el día que ya no te miraste igual, buscaste mi rostro con tus divinas manos que tantas caricias soñadas me han dado...trataste de buscar mi mirada aunque la supieras pérdida...y a tu hermosa boca le robe un beso...te aprovechas porque no veo, viejito no dejes de besarme y recuérdamelo todo sin dejar de mirarme...muéstrame lo que tanto te amé... devuélveme la dicha de haber vivido y soñado tantas veces contigo amándote...

El cursi soy yo princesa, tengo mi libro lleno de poesías para ti, y de cursi no me bajabas cielo lindo, pero bien que te gustan mira aún te sonrojas hermosa...sonreíste tan divinamente que lloro mi alma, cuantos años de amor, cuanta eternidad en besos, eso me mantiene vivo para ti amor y cuidarte...este aniversario de 60 años lo confirma, dijimos que juntos hasta el fin, y no te dejaré nunca pues nuestras almas están entrelazadas ante Dios.

Me dices que a través de mis ojos vez la vida cielo...hay amor y yo veo la vida a través de tu cielo...te amo por siempre y voy a robarte otro beso...

EN ESTE INICIO DE AÑO, PROPÓN TU CAMBIO

Hoy es el primer día de año, hoy inicia para ti si lo quieres algo nuevo, si te duele algo que salió mal déjalo atrás, eso no te sirve para vivir, si sufriste una pérdida de un ser querido valorado en su ausencia y sonríe con sus recuerdos pero sigue tu vida y busca tu propósito de vida...no te culpes más de lo que no puedes cambiar, eres tu quien debe cambiar

Tan simple la vida y no entenderla...Nada en esta vida es coincidencia... Nadie se topa contigo por casualidad...usa la razón...no la resignación...la soledad ayuda para el buen cambio...llora lo malo y acepta tu cambio... atrévete a ser esa diferencia de vida... tan simple la vida y no entenderla

¿Cuánto tiempo más quieres perder? ¿Quieres vivir o morir?

Vive para ser recordado por tus enseñanzas, no mueras para ser olvidado, busca tu propósito de vida no seas uno más de esos que se la pasan quejándose de la vida y de Dios como si no tuvieran conciencia misma, lucha por tus sueños e interactúa con tu alma que no está vacía, tiene esencia para salir siempre adelante y lograrlo todo, solo hazlo.

Este inicio de año como cada día propón tu cambio e inicia tu vida, tenemos tanta gente con tan bellos ejemplos de lucha, por favor ya no te quejes mírate al espejo...

Existes, tan simple la vida y no entenderla

COMO QUISIERA TUS DOLORES PADRE MIO

Tienes un silencio padre que me grita tanto...tu mirada es triste ha perdido seguridad y ese brillo de vida que tanto me daba vida, sé que sufres pero no quieres admitirlo pues siempre fuiste mi gran ejemplo, ante todos te muestras feliz pero ahora hasta tu sonrisa hermosa ha cambiado...ahora te acuestas temprano y sé que cuando cierras esa puerta lloras viejito mío y yo del otro lado de la puerta estoy pidiéndole a Dios por ti desconsolada, no quiero perderte, por eso te abrazo fuerte y no me canso de besarte...queriéndote quitar con mi alma tus dolores de ese cáncer que te está minando...

Como quisiera tus dolores padre mío...y me miras fijamente besándome la frente diciéndome que pasa hija tienes padre para rato voy a seguir dándote lata...me gusta vivir para ti...más si mi padre Dios dispone que me vaya me iré tranquilo y seguiré viviendo en ti y en las miradas de tus hijos y los cariños que a ellos les des serán bien recibidos en mi alma donde quiera que este...

Te amo tanto padre mío, me dijiste...yo más cielo hermoso y tomaste mi mano y me la besaste, mi corazón está para ti... por siempre princesa mía y mi gran dama, siempre te bendeciré... mira cuanto me ama mi padre Dios que me regalo un pedazo de cielo contigo...

Mis dolores hija son parte de mi vida terrenal, es el credo da amar tanto lo que me tocó vivir y disfruto aun esas esencias de tu madre, de tus hermanos, de ti...me estoy llenando tanto de ustedes a suspiros y miradas, para cuando mi alma duerma tenga tantos hermoso sueños...Seguiré luchando hija por ti pero... el día que ya no despierte, no te enojes conmigo, solo bésame la frente y lléname de bendiciones, para que me encamines al cielo.

SUEÑA LINDO MI NIÑA BONITA

Recuerdo muy bien esas últimas palabras que te dije...sueña lindo mi niña bonita y linda amiga... Nos escribíamos a diario para saber de nosotros...extraño tanto eso de hablar contigo...me quede en el alma con esas ganas de besarte tu frente y abrazarte, deseaba tanto cuidar de ti mi hermosa alma...

Me mantiene vivo los recuerdos dejados de tus hermosas fotos conmigo, siempre mirando tan divinamente y esos labios rojos que como te encantaba pintarte de rosas de flores decías, tan ocurrente y tan bella...tu sonrisa aun la conservo en mí y sé que será por siempre...cada noche en mis oraciones estas...

Tú no merecías esa muerte, ninguna mujer merece ser lastimada y ultrajada por patanes carentes de corazón y de razón, que se les pudra la vida y paguen cada dolor que te ocasionaran y sé que así será...Dios no tendrá misericordia con seres tan nefastos...

Te tengo unos chocolates amiga hermosa, los tengo con tu foto en mi recamara...quiero soñarte para abrazarte para contarte cuanto te amo y deseo besarte esa frente...ya no soltarte nunca más...cada noche amiga mía después de hacerte mis oraciones...beso tu fotografía en tu frente y juro que te siento...

Admito que se me siguen saliendo las lágrimas mi niña bonita, mas suspiro con mi alma por tu alma, y logro decirte buenas noches, sueña lindo...me dejaste tanta esencia que tus ojos no dejan de protegerme a diario, y tu hermosa sonrisa aún está en mi...Gracias por tu existir, sueña lindo mi niña bonita...

YA NO LLORES POR MI

Entiendo tu dolor madre por mi ausencia, por mi muerte terrenal, yo te extraño tanto bueno, me diste tantos detalles de cosas que pensé que no eran tan importantes, me faltaron tantos besos por darte...el tiempo no lo puedo regresar para abrazarte y consolarte... quitarte esas tantas lagrimas que no me dejan trascender...entiende mi tiempo llego aunque duela tanto…

Ya no llores por mí, estoy tranquilo y ya quiero descansar me tienes en un umbral sin dejarme avanzar...ya no me llores y sigue tu vida buscando a Dios del que tanto me hablaste y que ahora ni buscas por estar molesta, eso no es así madre…

A Dios quiero llegar para alcanzar mi paz y no me dejas ni acercarme por estar llorándome….Que nadie te entiende tu dolor madre, Dios perdió a su hijo Cristo...y que dijo Cristo...somos polvo y al polvo volveremos, ese lugar es hermoso a donde voy, somos pocos los que nos quedamos en la mitad, accidente o muerte natural duele igual...no nos dejan avanzar por estar llorándonos….

Reza en vez de maldecir, deja que tu alma sane y permíteme llegar a Dios y trascender al cielo…fui tu hijo y fui bendecido por eso…Mas comprende, me fui de tu lado aunque esto duela tanto, entiende este lugar está lleno de luz y ya quiero descansar...no quiero seguir viendo almas pasar...quiero pasar este umbral donde me tienen tus lagrimas…y no logro ese descanso eterno...

Sé que me amaste, suéltame pues, madre mía... que tu amor sea total, me ayudas más con tus oraciones y confortas mi alma...déjame ser ese ángel que necesitas para cuidarte...te prometo aromas de flores cuando me sientas en paz completamente...ya no me llores y déjame ir...y gracias infinitas por haber sido mi madre y conciliare con Dios que con el quiero llegar si tu amor inmenso me lo permite...podre ponerme mis alas...

CUANDO TENGAS UNA NIÑA, TENDRAS UNA REYNA

Cuando tengas una niña prepárate, esa princesa será tu reina y estarás dispuesto a todo por ella, te volverás loco y consentidor, pues su sola sonrisa te parte totalmente, jugaras con ella lo que quiera, desde Casitas, y hasta vestirás muñequitas, te dejaras peinar y hasta pintar... hará de ti lo que ella quiera, como negarle algo a esos ojos que son tu vida…

Se enojara tu esposa por ser tan infantil con ella y no te importara nada...es tu princesa por ella todo, por esos besos y esas manos que tanto te bendicen...no querrás que crezca más sin embargo...crece y se te hace tan poco el tiempo de disfrutarla, tu princesa se convertirá en reina…

Se llora esa perdida por mucho tiempo...se queda uno con ese dejo y hermoso recuerdo de nuestra niña que se desvivía por uno, le regalamos tantas cosas que ella quería y llegaron sus quince nuestra beba se convirtió en señorita, nuestro botón se transformó en una hermosa flor y tan llena de vida...y uno suspirando y cerrando los ojos por lo que viene casi asomándose lágrimas...pero uno aguantándose

Se viene el momento donde tu princesa será una hermosa reina esperando a su príncipe y uno se queda mirando el cielo pidiendo lo mejor para ella entre rezos y suspiros brindados a su alma...se consciente, aconseja y déjale claro que ahí estarás para cuidarla a pesar del miedo de equivocarse...estar vivo y ser humano es equivocarse, por eso es el consejo del padre…

Cuando tengas una niña, prepárate...tendrás una reina, pero siempre será tu princesa…y la amaras por siempre...

MI PRINCESA NO NACIÓ

Mi princesa no nació...y como la esperaba, estaba loco de felicidad, ya idealizaba a donde llevarla, soñaba como la paseaba y como jugábamos tirando cosas....Y si mamá se enojaba ni siquiera nos importaba... éramos cómplices exactos...Me emocionaba saber cómo seria, aunque en el alma no me importaba tanto... pues sería lo más bello que Dios me regalara...y siempre para mi seria bella...Ya su nombre le tenía, muñecas y ropa de princesas, hasta cuentos le compre...los que estaba yo seguro de leerle por las noches bendiciéndola...Todo iba bien me encantaba platicarle de cosas por las noches y se movía en el vientre de mamá...y mamá se enojaba conmigo porque no la dejaba dormir...siempre me decía estás loco déjala dormir, ya le tendrás en tus brazos y disfrutaras de ella...El día de la cita con el médico para revisar a mamá, logre verte como te movías en el monitor y me quede encantado, pues siempre respondías a mis cariños...conocías mi voz y mis manos...era todo tan especial y nuevo para mí... sabía que cambiarías mi vida cielo lindo...pero...Al otro día al despertar como siempre empecé a hablarte...mamá se puso mal de repente y sin pensarlo la lleve al hospital...que paso...no sé... aun me lo pregunto una y otra vez...ayer todo estaba bien...hoy no estabas hermosa, te me fuiste así como te suspiraba...no entendía a los doctores, solo vi a mamá llorando...El doctor se me acerco y me dijo la bebe ya no está, ya no hay latidos...ya no hay vida...Tiene que ser fuerte... ¿fuerte?... termine llorando desconsolado...voltee a ver a mi esposa...ella estaba mal y llorando habría que operarla...recuerdo que solo moví la cabeza aceptando el proceso...Mi princesa no nació...hoy mi dolor me corre todavía... termine separado y solo...Solo Dios sabe mi angustia y desespero...y me ha bendecido con más hijos...pero ese dolor de mi princesa me sigue latiendo en mi alma...

NO COMETAS MIS ERRORES

Yo era feliz con tu madre, no había capricho que yo no le cumpliera, estaba siempre dispuesto a verla feliz, la verdad ella hacia conmigo lo que quería y muchos me lo decían... la verdad no me importaba con tal de verla sonriente y complaciente para mi...

Mi padre me decía... hijo ten cuidado, ni todo el amor, ni todo el dinero...el amor es a pie de plomo paso a paso...se va dando con los años y veras crecerlo...

Si lo avientas todo de corazón sin pensar en consecuencias, será como la espuma...lo veras crecer y desvanecerse sin que puedas hacer nada, y lloraran tus ojos por la impotencia de verlo desaparecer como el agua misma... no cruces la línea de otro cuerpo...si no has valorado lo que tienes...

Ella me hacía sentir mal casi siempre y yo resistía por mis hijos...más nuestra intimidad fue decayendo y el amor se fue de mis manos...y yo que la amaba tanto soportaba esas palabras de su hermosa boca...valórame yo soy para quien pueda mantenerme sin problemas económicos, soy mucha mujer para ti...y tanto lo era que se apartó de mi...

Y yo busque consuelo en otros brazos...consuelo que no encontré...y fui a buscarla para pedirle perdón por mis hijos, iba a humillarme más por ella...Pero la encontré con otro en nuestra casa...

Fue un balde de agua fría para mi corazón y mi alma...ahí toda posibilidad se perdió...pues se me perdió esa hermosa mujer que yo pensaba que era perfecta...

Y no lo era... ella quería una casa de oro y se metió a una jaula...

Cada quien sus errores en la vida mis hijos...no se equivoquen, no cometan mis errores, si tienen una buena pareja sean eso...parejos...

Un día le pregunte a mi padre cual es el secreto para vivir tantos años juntos... me dijo calmo y pasivo...no hay secreto, es comunicación, compartir fidelidad, lavar nuestra ropa sucia en casa...y tirar a la basura lo que no sirve...sobre todo ser ejemplo digno de nuestra descendencia que siempre siguen nuestros pasos...

Al final me queda claro que el dinero no lo es todo...que los valores y los principios enseñados son suficientes para vivir...

Mis hijos no cometan mis errores.

ENAMORATE DE QUIEN TOQUE TU ALMA

Si vas a enamorarte, enamórate de un alma pura, de alguien que sepa mirarte con la mirada limpia, que te colme con sus manos de solo tocarte…de alguien que sepa dibujarte con sus labios en toda tu piel el amor mismo…esa sensación será mágica y cerrando los ojos te hará brincar en todos tus sueños y realidad de vida…

Enamórate de quien toque tu alma con tan solo verte…esperando ese beso soñado que te hará levitar en sueños pausados y entregas absolutas…los suspiros saldrán sobrando acariciando las pieles de ambos dejando poemas por escribir a ojos cerrados…

Tus ojos hermosos merecen ser besados hasta dormidos…y esa boca besada hasta la saciedad complementando toda tu piel sin dejar poro alguno…enamórate de estos detalles que tu mereces…porque hasta para dormirte y despertarte…que sea abrazada y llena de amor a besos dados con toda el alma…

Si vas a enamorarte, que sea de alguien que no te mienta y te trate como una reina, de alguien que sea tu cómplice y travieso amante, de alguien que sepa llenarte de solo mirarte sin faltarte el respeto en ningún sentido…alguien que te trate como la gran dama que eres…y sepa tocarte hasta elevarte al cielo…si vas a enamorarte totalmente…enamórate de mí… que sabré como colmarte en cada escrito que mi alma guarda para ti...

Si vas a enamorarte, enamórate de un alma pura, de alguien que sepa mirarte con la mirada limpia, que te colme con sus manos de solo tocarte…de alguien que sepa dibujarte con sus labios en toda tu piel el amor mismo…esa sensación será mágica y cerrando los ojos te hará brincar en todos tus sueños y realidad de vida…

Enamórate de quien toque tu alma con tan solo verte...esperando ese beso soñado que te hará levitar en sueños pausados y entregas absolutas...los suspiros saldrán sobrando acariciando las pieles de ambos dejando poemas por escribir a ojos cerrados...

Tus ojos hermosos merecen ser besados hasta dormidos...y esa boca besada hasta la saciedad complementando toda tu piel sin dejar poro alguno...enamórate de estos detalles que tu mereces...porque hasta para dormirte y despertarte...que sea abrazada y llena de amor a besos dados con toda el alma...

Si vas a enamorarte, que sea de alguien que no te mienta y te trate como una reina, de alguien que sea tu cómplice y travieso amante, de alguien que sepa llenarte de solo mirarte sin faltarte el respeto en ningún sentido...alguien que te trate como la gran dama que eres...y sepa tocarte hasta elevarte al cielo...si vas a enamorarte totalmente...enamórate de mí... que sabré como colmarte en cada escrito que mi alma guarda para ti...

NO TE DARÉ UN SERMÓN

Yo soy tu padre y no te daré un sermón, la decisión final la tendrás tu...yo me equivoque en muchas ocasiones, porque nadie aprende en camisa ajena... solo te aconsejo para que tú no te equivoques como yo... espero entiendas... ¿Que no sabes qué hacer? ...así estuve yo por mucho tiempo, entendí que se trata de pensar y ser congruente...de ser ejemplo para tus hijos....

Si yo me divorcie no tienes por qué hacerlo tu...a menos que no estés a gusto y que tu pareja no te ayude....entonces tendrás la razón...mucho ayuda el que no estorba...Pero, si ayuda... piénsalo...no te daré un sermón, se congruente...

La historia no ayuda, hay padres que no valen su nombre... pero hay madres que no valen ni su historia... se trata de entender lo que cada quien vivió...No te ofusques, cada quien su historia...los hijos hacen esa hermosa diferencia...

Solo ellos saben la verdad de sus padres...y sus besos son reales con bendiciones entregadas...aunque se callen a veces lo vivido...pero no tienen por qué vivirlo igual.

Serás padre, serás madre que no te eclipse la vida de tus padres...atrévete a ser esa diferencia de vida y ocupa lo mejor de cada situación presentada...tu resuelve lo que de mi aprendiste y de cada ser de tu entorno...aprende lo bueno...lo malo ni lo recuerdes porque de nada sirve para tu vida...

No te daré un sermón aprende a vivir con lo enseñado a través de los años, porque serás ejemplo de los que siguen detrás tus pasos...tus hijos...

Se por favor esa hermosa diferencia de vida

ABUELO ¿QUE DEBO DE HACER?

Nieto: Abuelo...que debo de hacer si me siento mal y no es enfermedad...

Abuelo: y como distingues eso hijo...

Nieto: es que...es que no me duele nada...solo mi corazón...aquí cerquita de mi pecho... me das un abrazo por favor...

Abuelo: Ven pequeño mío...llora si quieres te hará bien...

Nieto: pero papá me dice que los hombres no lloran...

Abuelo: hijo yo puedo jurarte que tu padre ha llorado por tu madre pues la ama tanto...y hasta yo he llorado, por ellos y por ti, se vale sacar el alma de vez en cuando...las lágrimas son parte de nuestra vida desde que nacemos....yo llore de solo verte el primer día...tremendos ojos que no dejaban de verme...solo atine a rezarle a Dios por tan hermoso regalo de vida entre mis brazos...

Nieto: ¿lloraste por mí, de solo verme?

Abuelo: si, los sentimientos de amor nos hacen llorar...

Nieto: mis ojos están brillando como los tuyos abuelo...es amor eso que dices que lastima aquí en mi pecho...

Abuelo: el amor no siempre lastima...el amor es la vida misma, dime que te pasa hijo

Nieto: mis padres abuelo...discuten y hay gritos...me tapo los oídos...no quiero escuchar, pero escucho, y cierro la puerta y entretengo a mis hermanos...para que no escuchen...me aguanto mi llanto y les sonrió...abuelo, ¿qué debo hacer?

Abuelo: Hermoso, los detalles de los adultos tu no los debes seguir, hay veces que a los Padres nos ganan los problemas, pero cuando hay amor siempre todo se resuelve…

Nieto: Abuelo, ¿qué es el divorcio?...abuelo no te quedes callado necesito saber, mis padres hablan de eso...hasta se gritan...mis ojos están tristes como mi corazón, es algo malo esa palabra lo sé...dime la verdad ya estoy grande puedo resistirlo...sé que tu no me dirás que después me explicas...yo soy tu primer nieto y tu sangre misma, eres el padre de mi madre, ella como me cuenta de ti como la has protegido, y que siempre le has aconsejado...abuelo...solo dime... tu sabes que es esa palabra, tus ojos me dicen tantas cosas que no entiendo…

Abuelo: hay hijo el divorcio como tal, es separación...pero solo de los padres, no de los hijos...en esta situación nunca se les pide opinión a los hijos….nosotros como adultos pensamos más en nuestra vida, para mejorar las de los niños que tenemos...al menos esa es nuestra intención...hay padres que cumplen...hay otros que no...Todo cambia y se acaba el entorno de la familia hecha…

Nieto: ahora sé porque me duele mi corazón...me queda claro que no piensan en nosotros por pensar en resolver lo de ellos... ¿entonces porque nos tuvieron?

El amor no es de un momento es para siempre... ¿siempre y cuando no se acabe?

Abuelo perdóname no entiendo, este amor que siento por ti lo siento eterno, y para mis padres y hermanos igual... ¿cómo se puede acabar este sentimiento?

Creo que voy a llorar tantito...solo contigo puedo hacerlo sin que me vean más nadie…

Abuelo: hijo son distintos sentimientos de amor, ya crecerás y entenderás, el amor a tus padres no cambiara nunca será eterno como el amor que te tengo mi niño hermoso...

No te pongas triste por tus padres... deja que ellos decidan su vida, pero hazles un favor ayúdales con oraciones a tu ángel de la guarda y a padre Dios...

Sigue cuidando a tus hermanos y mantén tus sentimientos limpios a la vida y aprende de los errores de los que debemos ser tu ejemplo...y perdona nuestras equivocaciones....

Nieto: creo entenderte, que difícil es crecer...pero veo la vida y veo tanta hermosura en cada mirada tuya, en la de mi madre y en la de mi padre, en la de mis hermanos y en la familia que me ama...gracias por ser mi abuelo eterno...

Siempre estaré contigo y tú conmigo...abrázame fuerte abuelo…

Abuelo: y claro que lo abrase y admito que llore y rezando por él, y mis hijos…

ABUELO, HOY QUIERO QUE ME ARRULLES

Ya te extrañaba mucho, me lo dijeron tus ojos y tus brazos al correr hacia mí, si llore, Mi niño, de tan hermosa sensación y sentimientos encontrados...y te abrace con el alma llenándote de bendiciones con mis besos en tu frente...y en tus ojos...me regocije de la virtud de tu existencia abrazándome tan fuerte...fue tan hermoso y para mi eterno...

Se me lleno mi alma que ya estaba baja por tu ausencia...porque yo también te extrañaba...Tu sola mirada me llena, tú sonrisa y esa sublime esencia de amor hacia mí...cambia mi vida y creo que hasta vida me da para seguirte viendo como creces...aun no hablas mucho más tus ojos son un prodigio para mí que casi no escucho...

Te entiendo tan bien de solo vernos...

Abuelo, hoy quiero que me arrulles, así apenas entendía tu mirada y ya estabas en mi pecho abrazado, te acurrucaste en mí, sin dejar de mirarme acariciándome la cara y apretando mi nariz...limpiándome las lágrimas que se me salían sin querer de tan hermosa sensación colmada...

Empecé a cantarte y arrullarte...abrazándote más a mí...me tomaste la mano y la llevaste a mi pecho sonriendo, solo murmurando feliz... un tan tan tan...sonido de mi corazón entendí y no me soltaste la mano, hasta que te dormiste en mi pecho mi niño lindo...Como no cantarle a mi hermoso niño...como no arrullarlo con mis versos...y mis besos...

Y mi corazón tan cómplice también lo arrullo con toda la esencia de mi alma que tanto lo ama...te acosté con todas las bendiciones dadas sin dejarte de mirar...solo para tu sueño cuidar...y me lo dije a mi mismo... vale la pena seguir viviendo para seguirme viendo en tus ojos...

¡HAZTE RESPONSABLE!

No solo es hacer hijos… ¡hazte responsable! Fuiste capaz de conquistar y prometer amor

¿Quién cambio? ¿Fue ella o tú? ¿Quién no se cuidó? ¿Quién se culpa primero? Quien se atreve a ser responsable de hacer vida, porque eso hicieron...pensando y sin pensar…

¿Quién, se hará responsable por la vida que viene? Él bebe nacerá llorando y preguntando... ¿Quién me cuidara? ¿Quién me enseñara a ser responsable?

¿Podre agradecer a quien la vida me dio? O tendré que maldecir a alguien que no fue responsable de sus acciones...que solo fui su momento estúpido y vano…

Ya estoy aquí...y obvio requiero atenciones...que no tengo...para que me trajeron sin pensar en hacerse cargo de encaminarme en esta vida...que de alguna forma tendré que vivirla con el soporte de quien me enseñe...si tengo esa dicha...si no, moriré sin hacer historia de vida...sin decisiones y sin defensa alguna...lastima de vida humana...si no le dan valor a lo que nace...menos a lo que no nace...aunque ellos lo hacen…

Si el nacido se los grita ¡Hazte responsable! Yo se los condeno y sin maldecirlos pues soy un ángel...ya estamos creados y creciendo en su ser… ¿no lo pensaste?

¿No lo quisiste? Por alguna razón existimos en tu vientre...maldición no somos…

Somos tu vida y tu bendición misma...solo cuídanos y hazte responsable...danos esa bendición de ser tu vida misma...solo hazte responsable si puedes...después ni llores...

SIEMPRE SEREMOS AMIGOS

Papi... ¿siempre seremos amigos? Siempre hija... seré quien siempre te diga la verdad aunque me pese... no podre fallarle a esa hermosa mirada...que siempre desde que nació no dejo de verme ni de seguirme...me ataste a tu vida y me deje sin pensar en consecuencias...admito que fui muy pasalón, pero congruente, no permitiría error alguno en tu vida según yo...

Mas sé que algunas cosas de tu vida y vivencias...yo no estaría en ti...otros ojos, otras palabras te llenarían el oído y el corazón...pero sabes aunque no lo creas...yo habré sabido y habré llorado...y me habrás preguntado qué pasaba...y yo jamás te dije nada...Solo te aconsejaba...que tuvieras cuidado...

Hija usa tu mente al decidir, no tu corazón...usa la razón, el corazón suele equivocarse...

Y como lastima ese error de no tomar conciencia...hija un hombre te debe hacer sentir completa, satisfecha y total...y si hay hijos tendrá que ser tu todo hasta en las sonrisas dadas día a día...ejemplo eterno de buenas acciones...

Si acaso él te falla hija...el ejemplo a seguir serás tú, muéstrales a tus hijos el camino a seguir, yo siempre estaré ahí, en vida o en recuerdos...el ejemplo ya estará dado hermosa... siempre seremos amigos, hasta la eternidad, y si me necesitas estaré en tus sueños para contestarte...

MIENTRAS MIS OJOS, TE VEAN

Déjame grabarte en mi mente, mientras mis ojos te vean, será siempre un placer soñarte...sé que quizás un día tendré que tocarte para satisfacerme con tu piel, una y otra vez entre recuerdos y vivencias mismas...será como soñarte y tenerte otra vez...

El olor de ti...serán mis suspiros y llenaran mis sentidos...porque sé que tus ojos en mi vibraron porque me vieron en ti besando tu alma...a ojos cerrados sintiéndote a profundidad misma...

Amor sé que me estoy quedando ciego, mas no seré una carga te lo prometo...aprendí a caminar por cada rincón de nuestra casa, como aprendí a vivir en ti y a disfrutar de cada momento de tu piel en mi...mientras mis ojos te vean renaceré mis recuerdos de cada día disfrutando desde el primer día frente a ti, la primera mirada, el primer beso, el primer rubor que te provoco mi primera caricia...todos esos detalles llenaran mi obscuridad pues tu amor será mi luz total en mi alma que se prenderá para sentirte toda, hasta sabré cuando sonríes y te sientas mal...seguiré ahí contigo, besándote el alma...

Hoy te confieso amor que hace mucho que no veo la luz de tu mirada, pero la siento, cada movimiento de tu hermoso cuerpo la brisa me ayuda a indicarme para donde mirarte, sonreírte y agradecerle a Dios tu divina presencia en mi...eres ese hermoso regalo que me ha dado la vida y sigues siendo la mujer perfecta para mi...

Aunque no te vea te distingo y me haces suspirar siempre de amor...mis ojos seguirán viéndote toda pues me llene de tu vida y de tan maravillosa imagen para lograr consolar mis días que aún me queden contigo...solo le pido a Dios que el día que yo me muera me conceda volver a verme en tus ojos para seguir mirando el cielo...

NO TENGAS PRISA POR CRECER

Es mi vida mamá, déjame en paz… tú ya viviste, déjame ser, no te necesito eres anticuada, son otros tiempos, que vas a saber tú, de lo que yo siento, ni internet tenías, ni celular…mi tiempo es mejor que el tuyo…Ni siquiera pudiste conservar a mi padre, por eso se fue con otra, ni quien te aguante…

Hija que lastima que así pienses…solo te estoy pidiendo que no tengas prisa por crecer, si fuera real que nunca te equivocaras, yo te dejaría en paz con mis consejos, pero pierdes piso y haces caso a malos consejos de algunas amistades…solo yo estaré ahí contigo como siempre… desde que eras niña…si tu padre se fue con otra…No fue mi culpa…Simplemente no le perdone el daño y la infidelidad cometida, porque como mujeres tenemos que tener dignidad y no permitir engaños ni malos tratos…y es cierto, no había internet ni celulares…pero ese tiempo mi hermosa niña no lo cambio por el tuyo…Éramos más reales en todo, eran cartas y sentimientos de la mano con el corazón…

Mi niña no tengas prisa por crecer, mejor aprende de mí, mírame y busca no mirarte igual, busca mirarte mejor y sin equivocaciones que cuando lleguen tus hijos, no tendrás razones para fallarles…aunque el hombre que elijas, te falle…

Perdóname por fastidiarte e insistir en cuidarte, la verdad no quiero que te entregues a cualquier don nadie, usa tu mente y tu razón…el corazón al tiempo te dará esa magia del amor…solo ten paciencia y enfócate a tus sueños y hazlos realidad, en un buen andar mostrando tu alma…

Gracias madre por estar siempre ahí llenándome de ti…ya te entendí, no tendré prisa por crecer dejare que todo fluya…pero promete que nunca me dejaras…eso no puedo prometértelo…pero siempre estaré en ti, en tus sueños y en mis nietos…siempre

ME ENAMORE DE TUS OJOS Y AL VER TUS LABIOS…

Me enamore de tus ojos...fue maravilloso, encontrarme en ti...y tus labios me subyugaron...ya no encontré paz alguna...más tu cuerpo se encargó de hacer todo momento sublime...deje los suspiros a un lado, ya quería besarte, mirarte de frente y colmarte con mis caricias mismas…Que hermoso espejismo tan real que nunca ha dejado de mirarme y de besarme…

Hermosa tu presencia en mí y para mí, lograste colmar mi alma y mis sentidos...lograste lo que nadie, hasta mi pasado olvide...ya solo quería verme en ti y para ti...ya solo quería todo para ti...mi respiración te necesitaba...mi corazón ya solo latía para ti...solo besos quería mi alma de ti para mí...cuanto necesitaba de tu esencia y tu angelical sonrisa…

Cuanta esperanza le diste a mi vida que ya estaba cansada de tanta desdicha…

Hoy le escribo a mi hermosa diva, eterna y existente, que siempre me colma en las buenas y en las malas...que su hermosa huella de tanta paciencia en mí y hasta en sus modos de mirarme es capaz de llenarme de tanta dicha, donde la sabiduría de sus caricias y sus ojos son capaces de dormirme cada noche, totalmente satisfecho en toda su piel que hermosamente me roza como poesía impregnada a toda mi piel y mis sentidos…

Me enamore de tus ojos cuando me enfrente a ellos...con tus labios besándome todo en mi... sabía que perdería todo sentido, cuando en tu piel y cuerpo me perdí por completo.

MI ALMA, SE CONVULSIONA...POR SENTIRTE

Sé que a veces no puedo hacerte el amor físicamente, pero mi alma como se convulsiona por sentirte toda...cada milímetro de tu piel que mis manos sienten, no se callan en absoluto nada de lo que sienten...como duele cerrar los ojos para sentirte... cada noche que te cuido tocándote y tu sintiéndome...me hace llorarte...despacio y sin despertarte...

Como duele no hacerte mía como antes, donde era mi sentir quien te colmaba...al menos así pensaba... mi sentir sigue siendo más fuerte por ti, mas estas fuerzas de mi cuerpo no reaccionan a tu hermosa piel que tanto me llena...se me vienen las tristezas de mis recuerdos cuando me sobraban las ganas...y así pensaba que sería por siempre...

El tiempo hace lo suyo y te va minando, no solo el espejo te lo grita diario conforme cada año que va pasando...tu cara va cambiando...y tu cuerpo... para que negarlo...

El ciego acepta no ver...el sordo no oír...y el que no puede ya caminar se enfrenta y resuelve...tengo que aceptar que ya no puedo tenerte físicamente...tengo que aceptar el disfrute de seguir contigo durmiendo contigo...eso es hermoso...y sublime.

Sé que mi cuerpo le duele esto de ya no sentirte dentro de mí...más mis manos abrazándote cambiaron los sentidos de esta alma que tanto te ama... logro llenarme de tu cuerpo y esencia en tantos recuerdos y entregas absolutas...

Esto de seguir durmiendo contigo, me contagia de vida y de hermosas dichas vividas...podría morirme en paz contigo, cualquier día amor de mi vida...

HOY BESE TU ALMA

Hoy aprendí en tu piel a sentirte y a sentirme...y como siempre te estaba llenando de besos para colmarte, cada noche esperaba esto para saciarte hasta cerrando los ojos....

Y saciarme de ti para morirme en ti...ahora entiendo porque no morí....tan dispuesto estaba por ti y dejarte callada de amor y extasiada de mi...

Perdón es que no pensaba...me deje llevar por tu piel y tu cuerpo...me quedo claro que me necesitas contigo...vivo y en tu piel y tú en la mía... también te necesito en mi...

Creo que hoy bese tu alma...o me la besaste tu...estuviste tan dispuesta...y yo pensando en ti...tratando de tocar tu alma a besos en tu piel...y sin dejar nada pausado...

La verdad no deje de tocarte para trasmitirte ese amor que te tengo y no deje de mirarte completa sin dejar de tocarte para llenarte de mí...en suspiros dados....

Así se quedó el alma suspirando de tan bellos momentos, mis manos son conscientes de eso...besando cada momento y recuerdo divino...vividos entre mis labios tu piel y mis sentidos....hermoso sueño vivido...lo hace real cada suspiro...en cada beso vivido...tus ojos, tu boca...tu piel aceptando mis besos a tu alma, grabando cada momento y sentido a tu respiro vivo...besando yo tu alma...

Te deje tranquila pensando en mi...ese encanto mutuo fue mágico....ni quien se quejara de tan hermosa entrega de piel y suspiros....

Hoy se besaron las almas...sintiéndolo todo en cada suspiro dado, llorando al alma a la piel dada...

QUIERO SER TU MEJOR RECUERDO

Quiero ser tu mejor recuerdo en todos los sentidos, piel y pensamiento del cuerpo mismo tan amada por mis manos, mis labios y estos ojos que nunca dejaran de mirarte enamorado...quiero ser tu mejor recuerdo en el pasado, en el presente y nuestro futuro...porque sé que estaré en tu mente besándote y sonriéndote de amor eterno…

Seré de ti quien mejor te ha besado toda y sin contenerme nada, sin ningún espacio sobrado poro a poro traspasando tu alma...seré lo sé...tu mejor suspiro porque de ti yo vivo y tu vivirás de mi...cuando te abraces recordándome a ojos cerrados y abiertos durmiendo y soñando...solo conmigo y yo contigo…

Quiero ser tu mejor beso soñado y hecho realidad, el mejor amante y caballero tan dispuesto siempre a colmarte de mis ansias para colmar las tuyas...quiero ser tu llanto de alegría por tenerme siempre para ti, que me recuerdes con mi mirada traviesa amándote, logrando tu risa con mis ocurrencias pero amándote siempre…

Quiero ser quien te calme si tu sufres, quiero ser esa calma que sienta tu alma cuando te abrace aunque ya no este... llenarte toda de mi esencia besándote...quiero ser ese hermoso recuerdo de vida que te de vida para perpetuarme en tu alma...y lograr tu sonrisa cuando me recuerdes sabiendo que estaré en ti... siendo siempre tu mejor recuerdo….

AHORA ENTIENDO, TUS OJOS PADRE MIO…

Me queda claro y ahora entiendo padre mío, tus ojos no eran de tristeza…tenías miedo de dejarme solo…me decías tanto de solo verme…y en tus ojos me quede viéndote en mis pensamientos constante…perdóname viejito hermoso no te di tu tiempo que tanto merecías y tanto que me lo decías viéndome y yo tan ciego ocupado con mi tiempo…

Siempre me miraste fijo sin bajar los ojos…que profunda era tu alma y tu mirada, toda llena de ti, hermosa esencia terrenal…dispuesta a decirme siempre su verdad…viejo mío de solo mirarme, acariciabas eternidad…perdóname padre, tú merecías mi tiempo y hasta mi vida…ahora que soy padre lo sé…solo era cuestión de tiempo para entender…

Mis hijos ya crecieron y hasta nietos me dieron…ahora entiendo tus ojos padre mío… mis ojos están igual que los tuyos, pero sabes,…los míos si están tristes…es que te entendí tarde y me da miedo perderte…porque este tiempo no tiene sentimientos de nada, solo sigue pasando y se encarga de todos los que pensamos que aquí seguiremos…

Todo termina por pasar, la vida sigue llorándole algunos y gustándole a otros, vivir por vivir sin miedo a morir…y se nos olvida la vida sin saber que la perdemos cada día…   y entiendo ese miedo de dejar a mis hijos sin mí, sin lograr enseñarles más de esta vida…púes entendí que ellos no tienen tiempo para yo quizás decirles… lo que tu tratarse de decirme con mil tiempos que nunca te tuve…no te olvides nunca de vivir hijo…

Pues un día te vas a morir…

Ahora entiendo tus ojos Padre mío…mirándome los míos… estoy buscando mi paz que en tus ojos encontré…mirándote…para que mis hijos entiendan lo mismo…

ME GRITO MIL VECES, QUE ME DESPERTARA

Me grito mil veces que me despertara...y no pude ni siquiera abrir los ojos...no sé ni como pude verla llorando por mí, besando mi rostro tantas veces y yo sin saber que hacer...pues mi cuerpo estaba inerte...sin miedo y en completa paz...Solo la miraba extasiado y llenándome de ella y sus recuerdos...

Me quedaba claro que mi cuerpo ya no respondía a ningún llamado... que mi alma estaba libre y volando, quizás flotando y sin pena alguna...No sentía dolor alguno, ni tristeza siquiera por lo que dejaba...solo paz...completa paz...

Desde mi cielo...y este pensamiento en mi cerebro respondiéndome solo...Nada dolía...aunque escuchaba llantos que me retenían, mi paz en el alma era tan colmada que solo bendiciones decía...solo mi cielo sentía y veía tremenda esa paz que se volcaba en mi alma...amando lo que estaba dejando, regresando tantas bendiciones y quizás hasta rezos...esta alma mía no se concentraba, mirándome de frente... y trascendiendo a un nivel de completa paz, que no me imaginaba, llenándome tanto...

Ya no me gritaba, su rostro estaba cansado y sus ojos vacíos de llorarle a un milagro para que yo me levantara, sus brazos seguían apretándome a su pecho...en ese momento sé que ella se quería llenar de mi esencia...pero me estaba dando la armonía de la suya y yo llenándome de ella...sin respirar sé que la suspiraba mi alma...

Me grito mil veces que me despertara...termino llenándome de besos y rezando por mi alma...como se lo agradecí...divinidad de guía angelical hacia mi cielo...me lleve sus besos en mi camino y la hermosa canción de sus rezos fueron mi entrada a mi nueva existencia y trascendencia de mi alma elevada...y sin dejar de suspirar a la entrada del nuevo sueño...

YA ESTOY CANSADA DE TI

Que palabras, que impacto en mi provocaron...se me derrumbaron tantos sueños…Y ella estaba incluida...pero me quedo claro que yo no estaba en los suyos…Se me quebraron los ojos...más ella fue letal mirándome de frente...mi alma se encargó del momento...sin llorar...no sé cómo pude contenerme con tanta tristeza en mi…

Solo atine en preguntar si estabas segura. No sé a quién escuche pero no fue tu alma…

Solo dijiste ya estoy cansada de ti...y fue suficiente para mí...tuve que irme...y no me fui tirando nuestra historia…. quise guardarla esperando un milagro...un beso y un perdóname me equivoque…

Aquí el orgullo gano...cuando ella se arrepintió fue tan tarde...ya su piel no tenía mi esencia, ni sus ojos eran capaces de enfrentarme...ella quería una vida llena de lujos aunque estuviera presa en una jaula de oro…

No sé si fue maldición pero si ella se lo busco, lo encontró. Encerrada esta como quería y no le falta nada...pero de amor y libertad ni hablemos la última vez que la vi, ni su mirada brillaba y su imagen para mi perdió todo su encanto, que alguna vez me enamorara y admito que me tenía perdido…

Qué bueno que ya estaba cansada de mi...pensé que me quitaba la vida y me la estaba dando...volví a vivir sin ella...termine viéndome de frente al amor exacto de mi vida quien no me vio defectos...solo virtudes….

BUENAS NOCHES CIELO

Buenas noches cielo, sé que ahí estas recordándome...que tu día haya sido hermoso y los que vengan... seguiré deseándote lo mismo eternamente hasta que tu alma alcance la mía y vuelvas a besarme en la frente...y logres darme esa dicha de tu esencia en la mía...perdóname mi ausencia...sabía que me iba antes y trate de llenarte de mí...

No podía decírtelo según yo, más te lo dije mil veces, con mi mirada triste, con mi voz callada, con mis tantos detalles de vida quería meterme en tu alma y besarte entera para llenarte de mí y darte vida de la mía para asegurar la tuya...se lo pedí a Dios tantas veces...Perdóname si hice mal...esta alma era tuya...y sentí mía la tuya...

No llores por favor, jamás quise hacerte mal alguno...me dabas tanta vida sonriéndome y besándome espontánea y sin yo pedírtelo siquiera...si vieras como me llenabas...

Mi cielo hermoso y total...musa perfecta para cualquier poeta...y lograste eso...me convertiste en un poeta loco de amor, perdiendo mis sentidos solo para amarte…Que miedo de perderte...mis lágrimas al escribirte se me salen del alma misma…

Buenas noches cielo mío...tus besos me llenan tanto de ti, que escribiéndote esto que siento...deseo que tu alma me sienta como yo siento la tuya…

Y me des las buenas noches a mí cuando te vayas a dormir... sin mí...Buenas noches cielo, déjame decirte algo y mandarte mil bendiciones, le doy gracias a Dios por tan hermoso ser convertido en mujer solo para mí...bendecido fui por tenerte a ti en mi piel amándome, seguiré deseándote lo mismo eternamente hasta que tu alma alcance la mía y vuelvas a besarme en la frente...

¿DONDE ESTA MI NIÑO?

¿Dónde quedo mi niño? Los años me lo cambiaron, lo extraño en demasía, sus ocurrencias y travesuras, la chispa brillante de sus ojos frente a mis ojos besándome siempre era estar juntos, recuerdo que yo era su supermán y su mejor amigo...

El siempre mi ilusión de verlo mejor que yo, mis consejos y mi protección siempre y por siempre...

¿Dónde quedo mi niño? sus recuerdos me siguen haciendo travesuras...

Ya creció y se hizo hombre...

Y yo envejeciendo frente al espejo de la dulce mirada de mi nieta...

Como me duele tu ausencia hijo, pero entiendo tu tiempo...así me fui dejando solo a mi padre, buscando mis sueños...que el mismo me llenara de bendiciones para que me fuera bien en el camino...como así te bendigo hijo eternamente...

Voy a seguir soñándote cuando eras niño, eres mi mejor sueño colmado de paz y tu traviesa mirada mantiene mi sonrisa y mi vida...

YO NO QUERIA DEJARTE IR, MADRE MÍA

Como me faltó tiempo para entenderlo, y aun a sabiendas que la vida seguía su curso, siempre te vi tan fuerte madre mía...jamás pensé que te me irías de mis brazos, y que dejarías esta ausencia en mi alma...y en mi corazón...Tu esencia divina del amor mismo...de solo cerrar mis ojos te miro sonriéndome...

Gracias Madre por el prodigio de ser parte tuya, de la vida que me diste...porque tu alma le dio vida a la mía... tus cuidados, tu protección y tus bendiciones me mantienen con vida para seguir tus hermosos ejemplos a nuestra descendencia...Ahora entiendo madre mía...tu fortaleza eterna...

Me dejaste pensando en ti en ese amor eterno tan lleno de vida...en esa sonrisa mágica que siempre me cambiaba el día...Tu divina mirada me sigue sembrando el alma...sin hablar siquiera...sigo escuchando tus palabras y consejos siempre tan atinados....lograste ser madre mía esa parte esencial de mis decisiones en mi vida misma...

Cuanta verdad y cuanto amor sobrado...yo no quería dejarte ir...madre mía, mas hasta en eso de morir siempre fuiste verdadera...me mostrabas la vida y como vivirla...tus ojos tristes siempre me lo dijeron...cuando me vaya estaré en ti, no dejes de besar a mis nietos que en ellos estaré y prepáralos con mucho amor...Ya me entenderás cuando ellos te besen a ti...

Recuerdo como te bese tantas veces que mis labios palpitan de sentir esa dicha de tu hermosa esencia que aún no me deja...Gracias Madre infinitas de haber gozado de tu hermosa existencia en mi...yo no quería dejarte ir...más lo entendí...un beso a la eternidad y al cielo mismo...volveremos a mirarnos en los sueños mismos mi bella eterna...

ACEPTA MI MUERTE...NO BUSQUES MAS PRETEXTOS

Acéptalo me fui de tu vida, pues se me acabo la mía...deja de llorarme, no podré levantarme, acepta mi muerte y no busques más pretextos para sentirte mal por lo que no pudiste darme...tuviste tiempo para llenarme de ti...y te lo juro con tu esencia al tiempo para mí fue suficiente...y me fui de ti, sin reproche alguno...

Mientras moría tus recuerdos encaminaban los sentidos que me quedaban hacia ese cielo colmado y satisfecho...mi alma estaba libre de dolor alguno...tanta paz me colmaba...tanta esencia tuya...tanta esencia de amor de mi sangre...tanta esencia divina y eterna...mi alma estaba tranquila dejando de respirar el aire...más como respiraba eternidad…Puedo jurar que mis suspiros por primera vez los escuche de mi alma...y estaba feliz sin buscar siquiera contexto alguno de materia física alguna…

Vi mi esencia volar entre mi espacio y mis sentidos...que hermosa la magia de la vida y de la trascendencia...y así mismo acepte mi muerte agradecido de Dios de ser una luz llena de energía... llenándote en la obscuridad la luz que mi vida te habrá dejado…

Dándome esa hermosa oportunidad de meterme en tus recuerdos y en tus sentidos...créelo estaré en tus sueños, en tu vida y en tu sonrisa…Magia divina creada del cielo mismo...solo no me olvides y deja de llorarme…Acepta mi muerte…

Recuerda mis ojos, mi sonrisa y siente mi esencia en ti y en cada rincón donde te puse vida con un beso…No busques más pretextos, busca tu destino, sonríe y haz que valga la pena tu existencia...

NO PUEDO DETENER EL TIEMPO...

El rostro de ese hombre amado ya ha cambiado, sus arrugas como me lastiman y esa mirada tan triste no se me olvidará jamás, tuve tanto de ese señorón que tanto admiro, cuando lo vi llorar un día ahí... lo vi más fuerte que nunca, hermoso corazón de acero... moldeado en oro, lo vi tan terrenal y celestial...que valiosos sus consejos....de él aprendí a no dejar de vivir la vida...a sentir el alma cada día...aprendí de él hasta caminar hacia donde me llevaba... siempre por el buen camino...

Sabía que si sufría, nunca él lo decía...cuántos dolores se guardó, y así siguió haciéndose lento y abrazándome siempre...sin dejar un día de protegerme con sus oraciones y apoyo...discúlpame padre si te faltaron mis abrazos de los que tantos me diste...desde niño siempre quise ser como tu mi viejito hermoso...cuantas palmadas de cariño con tus ojos fijos...siempre mostrándome el camino.

Sin llorar y adelante, siempre dijiste, muéstrales a mis nietos la fuerza y la entereza aunque el cansancio te gane sin que te lo vean...muéstrate firme y sin miedos a la afrenta del futuro...

Seremos presa del tiempo y las malditas arrugas querrán doblarnos...pero, sonríe hijo...somos más fuerte que eso...hazme caso...aquí el papá soy yo...

Papá eso lo entiendo....duele lo sé... y no me dejas llorar...con llorar no detienes los días hijo... el tiempo no perdona...

Padre mío como agradezco tu existencia... tu ejemplo y como bendigo esta sangre que me corre de ti...herencia bendita a mis hijos y nietos...que descendencia padre dejarás en toda tu esencia...vaya forma hermosa de vencerlo todo...hasta el tiempo mismo...hermoso ejemplo y vida digna de tus sabios consejos...

Doy gracias a Dios de que seas mi padre y tener en mis venas esa sangre de tu vida en mis venas, por nada del mundo podría fallarte a lo que me enseñaste y me diste…

Con tus ojos me lo dijiste…como te cuide, quizás me cuidaras, siempre he sido necio para lograrlo todo...

Perdóname creo que seré más necio…pero no olvides que seguiré siendo tu padre, ese que te amo por sobre manera,

Y si alguna vez se me olvidó decírtelo...

Busca ese amor entre mis ojos...verás que sigues siendo mi vida...

Aunque la mía se esté extinguiendo y perdóname por eso… ni cómo evitarlo, no hay forma de ganarle al tiempo...

Pero hay que agradecerle tanto…me dio la fortuna de verte crecer…

Padre perdóname no puedo detener el tiempo...no llores sangre mía, viértete a mi dinastía y hermosa descendencia...entre ellos encontraras mi mirada de fe en ti…y mi sonrisa amándote por siempre.

NESECITO SENTIRME AMADA

Necesito sentirme amada cada día y colmada de esa paz que sienten los que en verdad aman cuando se pierden entre sus miradas y traviesas caricias...que me despierten estas ganas guardadas de sentirme deseada...Que me toquen esta piel tan ávida de besos reales y sinceros, que logren impregnarme de la existencia del amor y llenarme con esa esencia del amor verdadero que tanto deseo en mi alma.

Esta es mi vida y quiero vivirla, sentirla, ya he llorado bastante callándome mis emociones reales, como mujer fui esposa de alguien que nunca me valoro y que nunca sentí mío...mis emociones y fuerza fueron totales para mis hijos que gracias a Dios ya están haciendo su vida y siempre los bendeciré aun si no me comprenden...

Admito mis equivocaciones por siempre confundir las ilusiones con amor, me guarde calladamente, este sentir tan inmenso de sentirme amada por el que dirán...pero estoy viva y me siento hermosa y merecedora de encontrar un compañero que quiera mirarme de frente cada amanecer siendo yo su todo...que logre palpitar su corazón con el mío haciéndonos vibrar y que logre enseñarme por fin el amor en su totalidad...

Quiero hacer el amor con toda la esencia verdadera de dos almas que se comprenden y envejecer con alguien que siempre me vea con sus ojos lindos llenos de ternura para mí...sé que aún es tiempo y se lo pido a mi Dios eterno me mande ese compañero de poesía que tanto espero...

Necesito sentirme amada cada día y colmada de esa paz que sienten los que en verdad aman cuando se pierden entre sus miradas y traviesas caricias...que me despierten estas ganas guardadas de sentirme deseada...

MIENTRAS DORMIAS

Escuche tu corazón palpitando en mi pecho y mí ser, pensé... qué lindo sueño de latir junto a ti...y me llego un silencio hermoso de tu presencia dormida junto a mí...Mientras dormía créelo...escuche tus ojos abriéndose... para mí...

Suspire tu esencia, la sentí y abrí mis ojos...

Estabas mirándome... sonreí... eterno momento lo hiciste real besándome los labios mientras dormías y musitaste tan lindo cuanto me amabas...te acurrucaste en mi pecho diciendo con plenitud de piel a piel...abrazándome...me encanta ser tan tuya...

Amor se me salieron las lágrimas de tanto amor sentido y no me viste llorar por ti...

Te me quedaste dormida entre mis brazos... con tus labios abiertos esperando más besos de mi...y te los di... dejándote... todo de mí, llenándote de mí ser... en toda tu piel...

De solo verte en mí y tan hermosa se me salieron estas palabras...

Dormir amor contigo.... es un privilegio, besarte toda... es una plenitud de vida...y cielo sentido... soñarte y tenerte... toda entera...placer inimaginable...tocarte...una poesía entera de puro amor...

Mientras dormía me soñé amándote por siempre...y lograr escuchar tu corazón en mí... y tus ojos abriéndose para mirarme con tanto amor...

Me diste esa calma que mi alma tanto necesitaba de ser amado y sin reservas, Gracias cielo mío por tu existir en mí y para mí...amarte siempre será un placer...

APRENDIENDO A VIVIR

Esto de vivir es divertido... y cuando no me dejan vivirla lloro, y cuando hambre tengo lloro, eso me da vida al menos eso creo... pues no entiendo los no, que me dicen...

Y porque no, si hasta con lodo me divierto...edúquenme con enseñanza y no gritos...también eso me asusta y no entiendo sus caras...

Sus palabras y cariños a veces tampoco entiendo, mejor corro y me divierto con todo lo que me encuentro, y como se los aviento...y me regañan...y siempre me lo regresan...sigo sin entender, pero me divierto...estoy aprendiendo a vivir, y confió en ti.

Enséñame a vivir, si me diste vida entonces yo te daré vida, seguro seguiré tu ejemplo no podría dudar nunca de quien siempre me cuido...mis travesuras te causaran alegrías y recuerdos tuyos vividos en tu infancia, y más cuidaras de mi por la frágil que soy...como agradeceré tu eterna mirada en mí y tu protección...

Sé que mientras crezco tú envejeces...y no te darás cuenta de eso...ni yo tampoco, y te pido perdón por eso...pues estarás al pendiente atendiéndome en mi salud y enfermedad...y festejando cada año de mi vida bendiciéndome siempre...

Llegará mi tiempo de cuidarte y de bendecirte siempre... agradeciendo a Dios por tu divina existencia...mientras déjame vivirte y acurrucarme en tus brazos...estoy aprendiendo a vivir...

CÁLLATE Y DÉJAME SER…

No me digas que hacer, ni me grites…yo soy tu debilidad…yo no pedí nacer, así que cállate y déjame ser… tienes la obligación de cuidarme y darme lo que necesito…Para que me tuviste pues…ni llores, yo puedo llorar más fuerte que tú, incluso tirarme al piso y gritar cuanto me lastimas… aunque no me lastimes, el control lo tengo yo…no tu…Le diré a papá, lo mal que estas y mis abuelos lo sabrán lo mala que eres conmigo…Te odio por tanta cuestión que me haces y porque me pides obediencia a los quehaceres…pues quien te crees madre…si solo me diste la vida que yo no pedí…Solo eso has hecho por mí…

Hija déjame preguntarte algo…recuerdas cuando eras más chica y te contaba cuentos y te cantaba canciones para arrullarte, para que durmieras tranquila con tu ángel de la guarda…recuerdas mis besos para colmarte, mientras sanabas de cualquier enfermedad…recuerdas mis manos para calmarte de cualquier pesadilla tonta… Es cierto no pediste nacer, yo se lo pedí a Dios que nacieras de mi…y es también cierto que eres mi debilidad pero también mi responsabilidad…así que tírate al piso, ni caso te hare y cuéntale a tu padre y familia lo mala que soy…porque voy a seguir siendo mala por amarte tanto pero jamás voy a pegarte…mis ojos serán claros ante ti y ante cualquiera esta madre tuya te defenderá por sobre todas las cosas…

¿Quién me creo? esta simple… Tú madre, sígueme odiando por educarte y por amarte… de mí no tendrás más que apoyo y consuelo, toda la vida porque mi amor es eterno mi niña mía…

¿Te quedo claro?.. Mi niña solo bajo la cabeza y empezó a llorar abrazándome…No hubo necesidad de más palabras…enseñemos a nuestros hijos el respeto mismo, a nuestros padres y a ellos mismos que serán padres

CAUSA JUSTA

Hace tiempo mi abuelo me decía, vivir cuesta morir, es la deuda que firmamos al nacer...y no hay nadie que no pague...es causa justa...y se fumaba un cigarrillo, se acomodaba el sombrero, me miraba, me acariciaba el pelo...y yo solo lo miraba como esperando más de él y sus palabras...me mostró la vida a su modo, me enseño lo que pudo...era un viejo duro...

Me decían algunos, yo solo de el tuve ternura, amor, admiración a ese abuelo de pocos estudios y de gran vida....

Porque fue lo que quiso, tuvo lo que quiso y murió como quiso...hasta el final lo recuerdo, quizás necio y testarudo pero nunca dejó de sonreír, tuve sabios consejos de, él...aun a mi edad temprana...

Ya siendo abuelo yo... él está presente en mi...a la vida no le das problemas, esa sigue sin nosotros, si te encuentras en problemas no entres en detalles....todo se soluciona, esta simple sonríe, canta que la vida no se detiene, todo pasa estés tu o no, aprender a vivir para aprender a morir...que te recuerden siempre sonriendo...

Hoy esas palabras las trasmito, a mis hijos, a mis nietos a quien quiera escuchar su corazón...vive y deja vivir....porque vivir cuesta morir, en el día a día, en cada sonrisa, en cada latido, en cada lagrima, en cada mirada....

Llena tu alma porque mañana será otro día y quizás no estemos aquí para ayudar pero sí estarán nuestros consejos y nuestra imagen sonriendo....

HACER EL AMOR SOLO ES CONTIGO

Solo contigo es realidad esa dicha de hacer el amor, que pensaba que no existía…tu mirada me da esa pausa soñada haciendo realidad cada sueño contigo…existe el amor lo sé y lo he sentido en toda tu piel besándote…y en la mía mientras me estremeces besándome, sin detener tus sentidos…solo a veces cual música maravillosa poniendo la pauta de tus caricias y tu hermosa boca enloqueciéndome de tan maravillosos momentos…

Podría morirme contigo susurrando tu nombre, mirándote…grabando tan dichoso momento para hacerlo eterno en ese sueño final… que lograra mi sonrisa en mi paz…

Hacer el amor no es solo sexo…lo físico se acaba…más la divina forma y comunión de dos almas es tan pleno que causa suspiros y alarga vida entre los seres que se aman, por la entrega de energía que a tantos besos y entregas se dieron para llenarse de ellos enteros…sin dejar nada más que hermosa calma en bellos recuerdos…

Alguien terminara llorando y será de paz por lo vivido…

Claro que existe el amor y es pleno cuando las pieles se hacen una, cuando las miradas se juntan y más cuando se besan entregándose el alma sin importar si existe muerte…solo habrá un recuerdo en cualquier momento que será bello por siempre…hacer el amor solo es contigo…

MI HIJA YA CRECIO

Es cierto hija ya creciste mi mágica princesa ya eres una madre encantadora, pero sigues siendo dueña de mi existencia y mis emociones mismas…ahora me dueles más que antes, pues no te vas sola te llevas parte de mi esencia y vida…y como me daban vida esos hermoso seres nacidos de tu existencia…mis nietos…Me dejaste en casa las sonrisas y las travesuras de ellos, además de algún que otro juguete que me encontrado de ellos…les mando tantas bendiciones a mi niños…

Yo recuerdo que tú me enseñaste amar, desde que naciste y me vi en tus ojos, supe que no quería que crecieras pues no quería perder la tremenda dicha de tenerte, y que me seguiste dando de niña, cuando esperabas mi llegada y te lanzabas a mis brazos jurándome tanto amor eterno…pero creció mi niña adorada, ese lindo capullo se convirtió en tan hermosa rosa y preciosa señora…ya no corrías a mí, ya no tenías prisa por mi…ahora tu vida corría más prisa por vivirla, tenías sueños y un amor que alentaba tus días…

Como te extraño amor cuando eras mi niña y yo era tu prioridad, tus besos aun los guardo en mi frente…no te miento mi niña cuando dejaste de dármelos por lo ocupada que estabas, tus hijos se encargaban de llenar tan tremenda ausencia con sus besos, ocurrencias y travesuras…era tan feliz cuando me visitaban, cuando había tiempo…

Mas sé que la vida sigue sin tolerancia alguna y prepotente causando bajas en mi gente y mi familia…mis canas no son excepción ni las arrugas de mis viejos contradice al tiempo…yo disfrute mi tiempo de niñez, crecí y me hice padre…ahora me toca ver como abuelo que no deja de pasar el tiempo y admitir…que mi hija ya creció y me lo dijo…hoy te digo hija, que también si Dios permite, abuela serás… entenderás como yo la tristeza de los ojos de tu padre…te amo por siempre hija, mi mágica princesa…

HASTA EL ÚLTIMO LATIDO CIELO

Sé que voy a seguirte suspirando muriéndome sin querer dejarte cielo, mi corazón será testigo fiel del amor exacto que te tengo y sé que se resistirá a dejar de latir por ti…me aceptaste como soy, como no amarte, dejaste de lado mi carácter y mis equivocaciones…me tendiste la mano hablándome claro…solo dijiste te amo…todos nos equivocamos cielo hasta yo… y me encontré contigo…eras lo que yo esperaba…

Bendito Dios al fin llegaste como te tardaste…tanto dolor que tuve y solo de verme en tus ojos supe la felicidad real…que suspiros me causaste de solo verte…y aun no te besaba…ni siquiera te respiraba, no sabía qué era eso hasta que vi…mi corazón se volvió loco de dicha…y era por ti…

Estos suspiros me envolvieron en todos mis sentidos…creí perderme y hasta los ojos cerré no sé porque…tenía miedo, pensaba que era un sueño…o quizás de morirme y dejarte sola sin mí y yo quedarme sin ti en mi sueño eterno…luego pensé…si es eterno mirarte y sentirte…que sea pues, hasta el último latido cielo…

Pero antes de dormirme cielo déjame tocarte de mil formas hasta cansarme…hasta que me de sueño y satisfecho por tenerte…déjame suspirarte y soñarte hasta el último latido…quizás seré soberbio en mi sueño eterno que será colmado por tener esa dicha hermosa de colmarte y colmarme…te diré eternamente hermosa gracias por ser la bella poesía de mi piel y mi alma…no dejes de pensarme hasta el último latido cielo…

GRACIAS INFINITAS POR HABER EXISTIDO

Hoy tuve un sueño hermoso… soñé contigo, sentí tu calor y escuche tu sonrisa y deje de llorar… por tu partida de esta vida terrenal, me dolió en el alma tu ausencia, más te encargaste siempre de sonreírme y de recordarme estas palabras… siempre estaré en ti mientras me recuerdes…

Nadie nunca se va del todo, pues dejamos sangre y descendencia para vivir eternamente…

Cuando quieras besarme besa a tus hijos, cuando quieras abrazarme recuérdame y llénate de ti, de mis tantos cariños que te di, seguro sentirás mi calor… de mis labios y mis brazos…

No me llores, pues triste no estoy, me tienes en paz con tan lindas oraciones que me das y yo te mando tantas bendiciones… nunca te olvides de Dios, ni te enojes con Dios, todos tenemos nuestro tiempo y momento, algunos aprovechamos al máximo nuestra vida, otros simplemente la pierden, sin pensar en la esencia hermosa de dejar ejemplo… esencia que trasmití a tu alma en mis tantos días vividos contigo…

Déjame darte un beso…lo dijiste y lo sentí en la frente…y me desperté con emociones encontradas…sabiendo que fue un hermoso sueño tan real y lleno de ti, que aun te siento…

Y aun te miro mi ángel del cielo…

Gracias infinitas, por haber existido en mí y para mí… Padre nuestro que estas en el cielo, gracias por esa dicha que me diste en vida…que con su sonrisa y sus recuerdos me mantienen viva... te bendigo vida...Dios contigo y conmigo

SE ME QUEDO EL SABOR DE TU PIEL

Se me quedo el sabor de tu piel en mis labios y hasta en mis manos…empecé a llorar esa hermosa ausencia de tu esencia en mi…y cerré mis ojos para seguirte soñando, sintiendo y viviendo, para respirarte como siempre cuando te tenía en mi…la verdad cielo mío hasta los suspiros me dolieron de solo pensar en ti y en tu hermosa piel…me quede con los besos que eran para ti pues tenían tu sabor…así que me los deje en mi para seguirte soñando y extrañando esperando que vengas con esos ojos tan maravillosos para decirme cuanto me extrañaste y me seguirás amando por siempre…

Tu olor lo tengo en mi piel que nunca se sacio a pesar de tantos años y eso me ayuda para seguir teniéndote en mi en tu ausencia, ahora entiendo por mi boca no se seca y deja mis lágrimas que no dejan de soñarte…me diste la humedad exacta del amor eterno…lo prometiste con esos besos a todo mi cuerpo y de esas caricias ni hablemos…fuiste tan total en todo mi ser…

Se me quedo todo de ti en todo en mi…piel, sensaciones, besos, caricias y pasiones…hasta lo cayado mientras dormía abrazado del mejor ser que mi alma conocía…pues no sabía si vivía o moría…cuando en sus ojos me miraba recuerdo bien como renacía…

y si solo cerraba mis ojos para abrazarla…no me importaba si moría…solo tenía en mí el sabor de su piel… que importaba si moría…

ESTE AMOR A PAUSAS NO ME GUSTA

Sé que no puedo pedir más, cada quien tiene su vida y su tiempo...ahora sé lo que hice sufrir a mis padres con mis ausencias, ahora sé lo que duele y lo que vendrá...Admito con dolor que este amor a pausas...no me gusta, mis hijos llenaban tanto mis espacios de vida, sus travesuras y ocurrencias se mantienen en mis recuerdos...Se acabó el brete y sus besos en mi frente que eran de diario...Se han hecho pausas a días, o semanas...llegaron hasta meses de ausencia y años sin festejarnos...cuanta falta me han hecho esos abrazos que logran siempre alimentarme el alma mirándolos de frente...aunque hablamos a veces por teléfono, admito que me emociona oírlos, pero no me llena...ya no están conmigo...están haciendo feliz a la familia que están formando...como yo fui inmensamente feliz con ellos...

Y por estar en esa dicha de mi sangre y verlos crecer...y el trabajo siempre ocupado...mis padres por otro lado envejeciendo...como yo ahora...mas es la vida y se trata de entender que el tiempo jamás esperara a que tengamos tiempo...ahora entiendo que debí haberme dado tiempo para seguir respirando esa hermosa esencia que me dio la existencia de mi descendencia que tanto amo...

Y aunque este amor a pausas no me guste, me quedo con ese hermoso recuerdo de lo que mis padres me han dado, de lo que a mis hijos he otorgado en ejemplos y vivencias...Agradezco tanto también a mis hijos tanta maravilla llena de sus vivencias en mí...Y de esa sangre misma que continúa siendo maravillosa en mis nietos...

Que bendición Señor esta vida que me has dado...acepto lo que me has dado, mas permíteme tratar de ser algo más, para todos ellos, no me digas que con la muerte se acaba todo...Déjame ser perpetuo entre ellos, tocar sus corazones para que cada vez que me recuerden sientan que no deben dejar pausa alguna por vivir y sentir lo que tenemos...vivirse entre ellos y besarse sus frentes bendiciéndose y protegiéndose...Siendo una hermosa familia manteniéndose siempre unida

AQUÍ TRAIGO TUS CENIZAS, AMOR

Amor no dejo de sentirte cielo mío…aquí traigo tus cenizas…pero déjame respirarte todavía, no quiero desaparecer tu existencia completamente…porque aún me siento viva completamente por ti…sé que ya no estás en mis días que están por terminar…más tus cenizas es lo último que me das para seguirte amando cada día…nuestros hijos y nietos son una hermosa historia viviente…de tan hermosa dicha que vivimos en años…y recuerdos…por eso cierro mis ojos…para seguir soñando tu beso diario amándome…Me regañan porque no me arreglo cielo…solo les digo me arreglaba por el que llenaba mi vida y me colmaba de besos diciéndome que me amaba, el me proclamaba diario que yo era su vida…como extraño tus tantos besos en mí y en mi frente…como te he llorado cielo, juraste no dejarme nunca sola…y lo has cumplido, me sigues llenando mis sueños sintiéndote…tantos hermosos recuerdos de tu existencia en mí y tu bella sonrisa eterna…sobre todo esos ojos lindos mirándome con tanto amor…

Y me lo decías…disfruta mi mirada como yo disfruto la tuya…eso nos mantendrá unidos amor hasta la saciedad…para mi eras eterno desde siempre pues nunca deje de pensarte cada día, siempre me colmaste de tantas dichas…y sonrisas…cada chiste y ocurrencia que decías, me llenabas tanto de ti…estos te amo amor que te digo son eternos…hasta tu alma siempre te los mando para que suspires…Tu recuerdo amor sigue intacto y aun me sigo estremeciendo, pues te sigo sintiendo…te prometí que al morir tirara tus cenizas a nuestro mar…me quede con pocas y se las deje a mis flores y a mis macetas que mientras renacen me dan esa dicha de sentirte…pero voy a cumplirte aquí traigo tus cenizas… amor… solo déjame cerrar los ojos para sentirte y después cumplirte…

PENSE QUE YA NO TE AMABA

Estaba tan decidido a dejarte, porque pensé que ya no te amaba…pensé que ya no me mirabas igual que quizás pensabas en alguien más y no en mi…deje de buscarte y de darte mis caricias que a diario te encantaban…deje de besarte cada mañana y cada noche…esperando tu reacción…solo me mirabas y algo en mi pasaba yo si sentía esa angustia de lo que deje de hacer…te sentía tan mía y tan segura…y creo que me equivoque…

Vi como otros hombres te miraban y te sonreían…me molestaba esa situación y no sabía cómo enfrentarla…tuve ideas locas y vanas de golpear a esos cretinos…pero te sabia mía…Estos celos de humo y hiel en mis sentidos me alejaban más de ti…porque pensé que ya no me amabas y quise pensar igual para no sentirme herido…pero lastimosamente yo te estaba hiriendo a ti…

Cuanta paciencia me tuviste, cuanto amor seria que el día que desperté llorando por el mal sueño de verte partir y con otro…me despertaste tú abrazándome diciéndome tranquilo amor aquí estoy como siempre he estado…vi tu rostro tan hermoso que hasta te pedí permiso para un beso…me miraste con tanto amor que me dijiste tonto no necesitas mi permiso, soy tuya y completa…llore y te dije estoy soñando, me callaste con un beso tan eterno que se me lleno la vida…soy tu realidad cielo…te pedí perdón no sé cuántas veces y te lo dije pensé que ya no te amaba…¿entonces me amas? Si, con toda el alma…yo más de lo que te imaginas…bésame pero bésame más hasta el alma, sáciame de ti, que yo me encargare de saciarte a ti…para que no vuelvas a pensar que no te amo…fue sublime como nunca esa entrega, se quedó en mi pecho dormida y colmada…yo aún suspiraba, como fui a pensar que ya no la amaba, que falta de comunicación tuve, o tuvimos no sé, mas quedo claro que el amor existe y me quede dormido feliz y abrazándola…

ESTA GUITARRA, ME ESTA FALLANDO

Como decirte mi sentir, esta guitarra me está fallando o los acordes se me perdieron de la tristeza que traigo…no sé cómo cantarlo en palabras hermosas para enamorarte o como mirarte mientras te la trato de cantar…y no quiero llorar aunque estas lagrimas no perdonan cuando se conmueven ante tu mirada que siento tanto amar…será por eso mi temblar…de mis manos por tocarte o de mis labios por besarte…Déjame seguir cantando a ver si así se me sale esto del corazón que tanto lastima a mi pecho, a ver si así logro calmar estos labios que se mueren por besarte…creo que es pretexto que me está fallando la guitarra…o se desafino mi vida en el instante mismo de mirarte que no supe cómo hablarte…mejor lo escribo para dejarlo eterno lo que siento por ti…o mejor me lleno de este vacío tan lleno de ti y colmado de tanta esencia de tu hermosa presencia en mi…que hermosa boca apetecible para mi…

Esta guitarra me está fallando pues no me sigue en mis sentimientos para enamorarte, me gana el miedo por equivocarme y lograr esa dicha de tenerte solo para mí…Como lo haces para hacerlo, eso de mirarme así, provocándome tantos pensamientos para lograr ese consuelo de besarte toda…me quedo callado entre las cuerdas de mi guitarra que se moja con mis lágrimas caídas tratando de decirte lo que te amo y como te amo por sobre todas las cosas…No quiero fallarte como te han fallado a ti…por cierto también a mí,… más me deslumbro tu esencia desde que conocí tu divina presencia…y voy a cantarte esta canción saliente de mi inspiración que provocaste de mi alma para lograr esa dicha exacta de mirarnos de frente y besarnos hasta la saciedad…aunque esta guitarra me está fallando y aunque se me rompa alguna cuerda seguiré intentando enamorarte siempre…aunque este poeta no sabe cantar…Creo que sabré escribirle a tu alma…para lograr tocarte…

PAPÁ, NO ME SIENTO BIEN...

Sabes que algo me pasa padre...hoy no me siento bien abrázame... déjame llorar y no me cuestiones, estoy tan mal lo se...trata de perdonarme...pero abrázame viejo lindo, como quisiera ser como tu...no me canso de aprender de ti y mira como me equivoco, perdóname no me siento bien...

Padre mío no me has dicho nada, ni regañado...hasta te ensuciado con lo que se me revuelve en mi estómago... solo me haz abrazado y sin entrar en detalles me has llenado de caricias y besos en la frente...me detienes para no caerme que fuerte eres...

Papá, no me siento bien, creo que tome de más...se me fue de las manos mi felicidad...ella decía que me amaba y se fue con otro...

Papá dime algo sácame de este dolor que siento no te quedes callado, que no te duele mirarme como estoy, hasta matarme quiero...padre mío no sabré que hacer de mi vida sin ella...

Llora hijo, lo que quieras...aquí estaré yo, para cuidarte y aconsejarte... se trata de entender la vida no de morir por ella...

Y hablo de la vida, no de ella...no me mires así, entiende la vida y sobrevive...la vida hijo, es hermosa y hay que vivirla...

Es aprendizaje no ilusión...se trata de cambiar con las penas no morirse con ellas...

Pero padre veo como miras a mi madre y así la veía a ella...y mira cómo me engaño, se fue con otro...

Hijo entiende, la vida es así, y se trata de entenderla, a veces tenemos la fortuna de encontrar nuestra doncella a la primera… otras veces no tanto…son caídas y lágrimas como las tuyas…así las tuve yo…mas Dios es grande y nos manda siempre la mejor…

El detalle es esperar…cuestión de tiempo no buscar…

Dios hace sus coincidencias para los que tenemos fe…se trata de entender la vida hijo…no de correr para acabarse la vida…

me explico…

Nunca lo pensé así padre, ni siquiera así pensé que sería…

Que difícil es la vida padre mío y que claro fuiste…me lo dejaste claro como esta agua en que me metiste y te metiste conmigo hasta mi alma… para hacerme entender llorándo los dos…

HOY ME PREGUNTARON, QUE ES LA MUERTE…

Hoy me preguntaron que es la muerte para mí…que si no le he llorado a alguien…que porque escribo de la muerte, si nadie sabe lo que se siente…vaya pregunta le dije…contésteme primero, para usted que significa la muerte…se quedó en silencio y empezó a llorar…y me contesto… es ausencia de un ser que ya no veré más…que tendré que llorar cada vez que lo recuerde…y quizás me veré en vano en reclamarle a Dios, por la irremediable perdida…de lo que amo…

Tú lo has dicho…le dije, pero no muere a quien recuerdas, no muere a quien le rezas…no es perdida es trascendencia para el que amas y es tu amor exacto el que demuestras en lo que dices que pierdes…¿cuanto tiempo te dio en tu vida?…

Porque mejor no vives de su imagen y sientes su esencia en tantos recuerdos, besos y ejemplos que te ha dejado…¿ya pensaste en ello?…Puedes llorar cuantas veces quieras y decir que Dios no te comprende…será que tu no entiendes y justificas con llanto inútil e inapropiado y gritando al cielo ¿porque a mí?

Y porque no a ti, si todos nos pasa…nadie es único ni especial, en vez de llorar rézale…ahí se demuestra el amor eterno…para que su alma descanse…todos somos humanos y tan imperfectos…se nos olvida a muchos rezar buscando la trascendencia al cielo…

Dios nos siguió dando vida y nos perdonó la muerte de su único hijo Jesucristo…y nos sigue perdonando nuestro alejamiento a la palabra del alma que solo él, nos trasfiere…se lo que es morir, es dejar esta vida humana muriendo en paz…pues la muerte no es sufrimiento…es la calma benévola del cielo mismo…en vez de que preguntes que es la muerte, mejor reza para el descanso de nuestras almas que ya se adelantaron en nuestra historia…

EL DÍA QUE YA NO ME QUIERAS

El día que ya no me quieras, solo te pido un favor, no seas cobarde y mírame de frente, valora nuestra historia y nuestras entregas en toda nuestra piel, no ensucies nuestros besos callándote y siéndome infiel…no cruces ese umbral hasta estar segura que en verdad ya no me necesitas…porque aunque me llores después ya no habrá remedio de regresar al pasado que tu dejaste de querer…

El día que ya no me quieras y que de verdad ya no sientas amarme, no sientas miedo por dejarme, que yo seré valiente en aguantarme por besarte y no rogare de tu esencia por abrazarte…aunque me esté llevando la tristeza por lo irremediable…no are nada por hacerte sentir mal, valorare tu lealtad por tu sinceridad…por eso quiero que me mires a los ojos…pues sabré la verdad de tus palabras…Solo recuerda siempre que te fui sincero y que te amé con devoción, y estoy seguro que nadie podrá amarte como yo…lo di todo por ti buscando la forma siempre de hacerte feliz, en cada momento, en cada día, en cada sueño…porque yo te lo cuidaba a besos, mientras dormías entre mis brazos acurrucada y admito a Dios agradecía tu existencia en mí. No quiero pensar que ese día llegara, que puedas amar a otro igual o más que yo, que tu piel no la bese yo, que mis labios dejen de sentir tan bella humedad de tus hermosos labios que tanto me prodigan en caricias tan sublimes y esos besos que me saben a vida…no quiero que me dejes de mirar con ese amor que me juraste eterno…de solo pensarlo ya está llorando mi alma…Me miras pausada y tomas mi rostro callándome con un beso…y me dices de frente el día que ya no te amé, claro que te lo diré y será de frente…y espero que tu hagas lo mismo, pero amor no pienses nada de eso, te dije que mi vida y mi amor por ti fue, es y será eterno…y te juro que ese día no llegara, mejor bésame y abrázame por siempre, que mi alma, mi piel, mis ojos y mi ser…te necesitan…

EN MIS ORACIONES, ESTAS

Sé que no debo llorarte...para dejarte ir y que salgan tus alas para conocer el cielo y trasciendas a lo puro y bello del alma misma, sé que debo rezarte cada día de mi vida mientras la tenga, para lograr mi calma y mi encuentro contigo nuevamente...me sigues calando hondo en mi corazón...aun siento estas flechas de tu hermosa mirada y sonrisa que traspasaron mi alma...miro al cielo ya sin angustia pidiéndole la paz en cada día y cada sueño donde tu sentir me colma y me deja sin sentir y suspirando con tan hermosos recuerdos en vida que me diste...

Le pido al cielo mismo que no me lastime pues aun te huelo, y hasta tus besos siento...y puedo jurar que hasta te escucho, que siento tu mirada cuando mis ojos cierro...y esa sonrisa que me transformaba en ilusiones mismas...y de mis manos y mi piel que te digo...has de saber lo que me aguanto, que estas lágrimas a veces se me salen solas...

Sé que debo de rezarte en vez de llorarte y demostrarte mi amor eterno y pleno...mantenerte en mi mente como eras cuando vivias

Y voy a lograrlo amor...dejaré de llorarte, tratare de continuar mi vida sin ti, viviendo de tantos recuerdos que me diste, de disfrutar de nuestra descendencia y de cuidarlos hasta que Dios padre me hable para irme a tu lado...pero te juro amor...mi eterno amor que cada día y por siempre que yo respire y mi memoria tenga conciencia...en mis oraciones estas y estarás cielo mío hasta el último respiro, sé que me moriré rezándote y bendiciéndote...diciendo tu nombre...esperando volver a verte...

EL DÍA QUE PUEDAS, ACUERDATE DE MI

Yo siempre me acuerdo de ti…luche tanto por ti, eras mi vida, y lo sigues siendo…en mis sueños, en mis días y en mis rezos estas presente siempre…hace mucho que no se de ti…pero sé que estas bien en Dios confió eternamente como mi amor en ti siempre será aunque no te vea…sé que sentirás mi bien el amor inmenso que te tengo, y mis rezos evitaran que algo malo te pase…porque Dios es inmensamente bueno…

Te confieso algo mi sangre y hermosa descendencia…aún sigo rezando cada noche el ángel de tu guarda…te lo dije…nunca dejes de rezarlo el siempre estará en tu vida…

Mira a mi edad yo aún lo sigo rezando…y sé que está siempre conmigo…como me avienta plumas…para mostrarme su existencia y como me cuida mi hermoso ángel…

Pobre se estará quedando sin plumas cuidándome y mostrándose eterno cuidando de mi vida que se está marchitando…pero sé que él está ahí siempre conmigo, como yo lo estaré contigo rezándote… sangre de mi sangre y descendencia misma…

El día que puedas sangre de mi sangre…acuérdate de mí y haz tus oraciones que yo te enseñe empieza por tu ángel de la guarda que siempre te acompaña…el estará en toda nuestra vida y nos acompañara en la muerte… sagrada compañía que no soltara nuestra mano…

No dejes que sea tarde, yo me adapte a tu ausencia llenando mi mente de tantos hermosos momentos contigo vividos, aceptando lo que viene…pero sería maravilloso abrazarte y llenarme de ti mientras viva…te bendeciré eternamente para que tus hijos te amen como yo los amo a todos ustedes

TUS OJOS, SON LA PRIMERA LUZ

De mis mañanas y despertares tus ojos son la primera luz que iluminan mis días bendiciéndome con la agradable existencia y esencia en mi vida que tanto te ama…logras cautivarme hasta el alma, sacándome la primera sonrisa para ti, mi primera palabra para ti y mi primer beso para ti…mi hermosa luz que llenas mi existencia de solo colmarme con tu mirada tan llena de amor para mi alma…Recuerdo que cuando te vi…volví a vivir tus ojos lindos llenos de tanta luz para mi…y esa sonrisa que logro vencer esa amargura de mi rostro renaciendo en mi otra vez una sonrisa total y plenamente sincera para regalarte lo que me quedaba de cielo…quede rendido ante ti, dispuesto a volver a sentir mojados mis labios de tremendo pedazo de cielo que Dios me estaba regalando para mi…

Solo atine a decir casi rezando gracias señor por tan hermosa aparición en mi vida que llego a colmarme de dichas y a demostrarme la vida misma con la continuidad de sus palabras, convirtiéndolas en hechos de amor diarios y de noches eternas donde sus ojos de luz me duermen con tanta paz…y me despiertan a besos y caricias enfrentándome sus hermosos ojos a diario con tan grande firmeza de amor mostrándose siempre entera para mi…Sabía que el amor existía…y en mi soledad como lo rezaba encontrarme alguien así como tú que sabe cómo entenderme y colmarme y de solo mirarme ya sabes lo que necesito y quiero…rompiste mis miedos a cualquier circunstancia de vida llenándome a diario de vida y respirando tan hermosa esencia de tan bella alma…Gracias por existir, por ser la primera luz de tu mirada la que me bendice cada día mi vida que es tan tuya hasta la eternidad…amándote…

DELIRANTE

Entre lo bueno y malo totalmente inquietante…no sabía con quién quedarme, lo bueno y lo malo sabían delirante…mis respiros se entrecortaban y mis suspiros me daban hasta la muerte,.. No sentía el alma mis respiros… se me acababa la vida…ni siquiera pensaba nada verdadero…y como no pensaba en morirme fue delirante quien logro la dicha de resucitarme…

Estabas tú tan dispuesta amarme por sobre todas las cosas…estaba quien en mi me hacía respirar para seguir viviendo…sus besos plenos dándome vida fueron tan delirantes que me dejaron soñando…ante todo yo estaba a dispuesto a decírtelo a miradas abiertas y dispuestas a enamorar tu alma…mi alma se dejó llevar a explicarte mis sentidos dispuesta a que me juzgues y para dejarte callada con mis palabras mostrándote todo de mi…

Soy delirante a pesar de todo me fui con todo contigo, amándote a pesar del tiempo pues tu aparición fue a tan hermoso tiempo…te lo juro que fui con todo contigo sin maldad alguna…solo fui a besarte con todo sintiéndome todo en ti…y te sentí sin querer toda mía…besándome tan inocente y dándote toda me deje llevar por tu hermosa aurora…fue tan bello sentirte toda…ni siquiera nos hablamos, fue total y sin palabras…dejamos el después callado solo dejándose llevar al tiempo…cuantos suspiros declamando tanto amor…fue lo que tuvo que ser…pero mi alma no se lo callo…tenía que decir lo que tan bello fue entre nosotros…para mi esencial encontrar alguien así tan dispuesta solo para delirante y bella existencia encontrarte y solo para mi…

Hoy tus ojos, tú boca hermosa y tu toda mía toda mía…que delirante ensoñación tenerte solo para mi…mí solo sentir era tuyo…te prometo los besos y todos mis versos cuando yo me dormía y besándote suspirándote, escuchando mi cuento amándote toda…delirante solo para ti…besándote toda…mi mejor luz cuando me dormía ella besándome todo, soñándome haciéndome suyo…y yo dejándome querer…

SOLO UN REGALO, ES MI DESEO…SOÑARTE

En esta navidad Señor Dios, solo un regalo es mi deseo…soñar a mi Ángel del cielo, volver a verme en sus ojos y disfrutar de su sonrisa…hacer eterno mi sueño con sus pláticas y sentirla otra vez llenándome de tan sublime esencia angelical…

Te sigo rezando para ayudarte a trascender, para seguirte sintiendo en cada rincón de mi alma…siento como limpias mis lágrimas con tus hermosas manos, siento tu abrazo cálido de paz, y me mantienes con la dulce esperanza del encuentro soñado que nuestro padre Dios nos ha prometido…

En esta navidad es mi deseo que la noche de paz me colme del amor infinito que siempre me diste en vida, cuanto amor le diste a mi vida y cuantas sonrisas me dejaste para seguirte escuchando…esta ausencia duele, esta navidad tú me ayudaras a sonreír, pues sé que estarás en espíritu…y cuando me abrasen sentiré tu calor y tu cariño…

Me enseñaste tanto de la vida con tu bella existencia…que esta aparente tranquilidad que tengo la cierro entre mis ojos para verte…y sonrió con mi fe exacta porque sé lo que deseo y quiero soñarte eternamente mientras vida tenga…soñar a mi Ángel del cielo, volver a verme en sus ojos y disfrutar de su sonrisa…hacer eterno mi sueño con sus pláticas y sentirla otra vez llenándome de tan sublime esencia angelical…

VOY A SEDUCIR TUS LABIOS

Vas a esperar mis besos totales cuando me veas…morirás por sentirlos y disculpa que me tome mi tiempo…no beso a cualquiera…pero podría besarte si logras antojarme…perdóname por ser tan directo no quería hacerte daño…mejor intenta provocarme y seducirme tu…mejor mujer no he conocido pero me abstengo de decirlo aunque a tu alma se lo grite…pidiéndole al cielo que entiendas….
Porque vivir entre tus brazos seria mi cielo, pero mi ego y mis errores no me lo permiten gritarlo de tantas fallas que tengo…por eso aunque seas la más hermosa mujer que he conocido me abstengo…

No quiero más fallas en mi vida aunque en tus ojos me pierda…y en tu hermoso cuerpo que tanto me hace suspirar y me eleva en caricias y besos tan dispuestos…tanta inmensidad como el mar mismo…tu risa, tu mirada, esa piel…que paraíso he encontrado en tan hermosa existencia que me habla de amor mirándome de frente…y se quedó ella en mi sonriéndome casi besándome…
Este destino, este mi Dios, este mi cielo…de solo verla me dio tanta inmensidad…en instantes me dio eternidad de solo verme…me negué a perderla y dije para que, me la puso el cielo…de solo verme me dio su dulce eternidad en mi alma…y tan terrenal que soy…
Logro elevarme a otra dimensión a otro cielo…

Me propuse no perderte y enamorarte…te lo jure más hermosa mujer no he conocido…no me lo creíste de solo decirlo…pero me miraste y dudaste…te lo dije de frente voy a seducir tus labios…y no vas a querer dejar de besar los míos…lo nuestro será la eternidad…el paraíso lo encontré en tu mirada y te juro que mis manos te harán sentir tan amada…si me correspondes sentiré el cielo aquí en la tierra…quieres que te lo demuestre ven abrázame, bésame y créeme…y sobre todo créetelo vamos a sentir el cielo juntos…

CUANDO SE NOS VA UN SER QUERIDO

Cuando se nos va un ser querido no es tan fácil aceptarlo, ni superarlo...te voy a dar un consejo hermoso...mientras le lloras escríbele todo tu dolor y disfruta las vivencias y ocurrencias...dile cuanto amaste su ser y que entiendes que el tiempo termino con su vida mas no con su esencia...

Cuando se nos va un ser querido demostremos que lo seguimos amando y que estamos orando por su descanso eterno...se nos queda su risa que siempre estará presente y su voz cuando nos estaba cantando y esa mirada que nos seguirá en nuestros sueños y nos dará vida hasta que lo alcancemos...porque seamos realistas de esta vida nadie sale con vida...cada quien a su tiempo

Prepara tu escrito con todo lo que puedas decir ya sea todo lo bueno o todo malo, no te quedes con nada suéltalo todo tu sentir y cómprate una paloma blanca y mándale el mensaje de amor...y cuando la sueltes te quitaras un peso de encima, mándale bendiciones y descansa que hay que seguir la vida mientras Dios nos lo permita, honremos y recordemos a los que se nos adelantan y llenémonos de vida.

Porque la hermosa descendencia está creciendo y nos necesitan...seamos buenos recuerdos eternos, sonríe y suelta la paloma mandando bendiciones al cielo...

QUE HERMOSA ES ESTA VIDA

Que hermosa es esta vida…se me está yendo la mía y la tuya comienza…hermoso Ángel de existencia divina…me encanta abrazarte y besarte llenarme de tan hermosa sangre de mi sangre que le da paz a mi alma…porque me queda claro que valió la pena vivir y enamorarme, sonreír entre las miradas de mis hijos que se dieron cuenta de la muestra y educación que les di y que crearon lo que yo cree en ellos…vida eterna

Tienes los ojos maravillosos de mi amado esposo y esa sonrisa angelical de mi hermosa hija que Dios los tenga en su santo reino porque me devolvió en ti la paz de mi vida…disfrutare tu hermosa esencia niña mía y tus travesuras mientras creces, me llenarte de ti toda el alma mía…así podre morir en paz cuando mi Dios me llame…entendí que cada quien tiene su ciclo, y que no me la puedo pasar llorando, entendí lo que tu abuelo decía vamos a disfrutar la vida mientras la tengamos y así moriremos en paz llenos del alma de tanta esencia y descendencia buena…

Yo siempre lo regañaba y le decía de la muerte no hables…el me miraba y sonreía besándome la frente diciéndome siempre: hay que saber vivir para saber morir, nadie se salva de eso…que hermosa es y ha sido la vida a tu lado mujer gracias por existir…me dejaba enamorada como siempre, tu abuelo siempre fue lindo y tenía tus ojos mi hermosa nieta…no sé porque te platico esto ni me has de entender…me encanta tenerte abrazada y besarte la frente y sobretodo llenarme de tan bello ser y dejarte dormida aquí en mi pecho y mi corazón que sigue latiendo por ti…Ángel de mi existencia…

ALTO…A MI YA NO ME TOCAS…

De ninguna forma y de ningún modo…a mí ya no me tocas…voy a gritarlo a todo el mundo…si mi madre no me cree voy a gritarlo fuerte…si mi padre no me cree voy a gritarlo más fuerte…y si nadie me ha creído todavía llorare más fuerte de lo que te imaginas y diré tu nombre gritándole a los vientos y a quien me escuche…pero no me tocaras más…

Soy un ser inocente pero no incapaz de decir y gritar lo mal que estas…si eres de mi sangre que decepción…deberías de protegerme y no dañarme…tu castigo tendrás, tarde que temprano lo pagaras…y sí no de que mala semilla naciste, ¿no tienes madre? ¿No tienes hermanas? ¿No tienes hijas? ¿No tienes temor de Dios?…eres un mal ser…mereces cárcel y juro que te maldeciré toda mi vida si daño me haces…o me quitas la vida…no podré perdonarte jamás.

¡Alto! a mí ya no me tocas aunque me amenaces…o quieras lastimar a mi familia…lo gritare desde ahora y enfrentare a un cobarde, dejare escrito tu nombre hasta en las paredes si es necesario, se lo contare a todos los que me escuchen, para que te señalen si algo me pasa…ya miedo no te tengo jamás…y aconsejare a mis amigas que no se dejen tocar por ningún patán de la familia, por ningún amigo, ni ningún vecino…padre o pastor…porque el mal está en todos lados, y está en mi cambiar el abuso y la violencia a nuestra inocencia…

De ninguna forma y de ningún modo…a mí ya no me tocas…voy a gritarlo a todo el mundo…si mi madre no me cree voy a gritarlo fuerte…si mi padre no me cree voy a gritarlo más fuerte…y si nadie me ha creído todavía lloraré más fuerte de lo que te imaginas y diré tu nombre gritándole a los vientos y a quien me escuche…pero no me tocaras más…

Soy un ser inocente pero no incapaz de decir y gritar lo mal que estás…si eres de mi sangre que decepción…deberías de protegerme y no dañarme…tu castigo tendrás, tarde que temprano lo pagaras…y si no, de que mala semilla naciste, ¿no tienes madre? ¿No tienes hermanas? ¿No tienes hijas? ¿No tienes temor de Dios?…eres un mal ser…

Mereces cárcel y juro que te maldeciré toda mi vida si daño me haces…o me quitas la vida…no podré perdonarte jamás.

¡Alto! a mí ya no me tocas aunque me amenaces…o quieras lastimar a mi familia…lo gritaré desde ahora y enfrentare a un cobarde, dejare escrito tu nombre hasta en las paredes si es necesario, se lo contaré a todos los que me escuchen, para que te señalen si algo me pasa…

Ya miedo no te tengo jamás…y aconsejaré a mis amigas y amigos que no se dejen tocar por ningún patán de la familia, por ningún amigo, ni ningún vecino…padre, pastor o maestro…

Porque el mal está en todos lados, y está en mi cambiar el abuso y la violencia a nuestra inocencia…

A mí... ¡ya no me tocas!

HERMOSOS ESOS TIEMPOS

Cuando éramos niños, disfrutábamos todo y la mejor etapa era la navideña, los hermanos, los primos…los amigos…los hermosos abuelos compartiendo y preparándolo todo…nuestros padres escondiéndonos nuestros regalos y hasta los tíos que se aparecían…todos juntos y en familia…Hermosos esos tiempos y fuimos creciendo…perdiendo familiares…y hasta amigos…

Nuestra risa cada año cambiaba, pues no entendíamos esas ausencias o no queríamos entenderlas y así fuimos creciendo…dejamos de ser niños, empezando a conocer el dolor de la vida, de nuestra vida…donde se sufre la muerte de nuestros abuelos…familiares y conocidos…difícil entendimiento a base de llanto escondido…a veces preguntando…otras veces sin decir ya nada…sabiendo que se nos fueron algunos viendo el llanto y el silencio que aprendes a respirar…conforme los años pasan…

La vida es tan sabia…aprendemos a perder la vida y a recibirla con alegría…llegan a nuestra existencia a limpiarnos las lágrimas nuestra hermosa descendencia a distraernos con amor y tremendas travesuras…llenándonos de besos e inocencias atrapándonos en sus ocurrencias…y ahí descubrimos enormes parecidos de lo que se nos fue…y reímos…recordándoles...es nuestra sangre perpetua…

Hermosos esos tiempos de nuestra infancia…ahora somos los abuelos... hagamos ese hermoso regalo de existencia perpetua que nuestros abuelos nos dieron…llenemos de besos a nuestros hijos y nietos pues nos queda claro que eternos físicamente no somos…pero sí en mente…dejemos buenos recuerdos en nuestros hermosos tiempos de vida…

EL DUELO, DE MI PIEL

Amor hoy no puedo hacerte el amor discúlpame, sé que me esperas para sentirme en ti... lamento mucho perderme tu piel que es tan mía, te juro que quería besarte toda pero mi energía no estaba completa en mi... Mi cuerpo estaba cansado y te miraba tan linda esperándome

Te bese dormida y abrazándote susurraste algo y te acomodaste en mi me dijiste que esperas para dormirte amor sin reprocharme nada...Fue claro verte tranquila cielo y soñando. Sonreíste y dijiste tu eres mi sueño...te bese la frente y luego la espalda.

Suspiraste y me quede en el suspiro de mi alma...Lamente mi falta de energía para saciarme de ti... como quería dormirte a besos y caricias entretenerte como en otras noches tan vividas y hoy soñadas...

Hoy mis lágrimas se salen solas mientras tú duermes...yo cuido tu sueño mas no logro evitar el duelo de mi piel que sigue disponible para ti...

Hoy mis lágrimas se salen solas mientras tú duermes...yo cuido tu sueño cielo... mas no logro evitar el duelo de mi piel que sigue disponible para ti

Sé que después de mi vendrá alguien que no seré yo...Que sea por favor mejor que yo, alguien que sepa cómo tocarte toda como yo lo hice yo... Si no logra consolarte...ni hablar te equivocaste amor... mejor rézame

Para que vuelva a depositar mi alma en ti...Este miedo atroz a faltarte como duele hasta los huesos... y ni puedo estar en paz de solo pensarte sola sin mí...y este duelo de mi piel eterno cielo...

ESTE MIEDO...ES MIO PERDONAMELO

No puedes hacer nada hijo contra el tiempo y sé que te da miedo perderme...que puedo decirte me da más miedo a mi dejarte... mas es la vida...que sigue fluyendo cada día sin importarle nada...ni sentimientos tiene...no sabe ni mirar atrás...se trata de seguir avanzando va con el tiempo corriendo...es la vida en su prisa y nos conduce a morir...Es el mismo final que todos habremos de terminar...este miedo es mío hijo, pero es real, déjame darte un buen ejemplo de cómo terminar la vida, pero sobre todo dejarte claro que Dios estará ahí para nosotros porque él nunca muere seguirá cuidando, nuestra sangre y existencia...ese es mi consuelo...

Hermosa tierra ideal que me vio nacer...yo no quería irme de ella, mas encontré la paz en un hermoso mar y en unos ojos bellos que me envolvieron, haciéndome sentir tanto consuelo...y me quede en sus brazos, en su piel o en su playa...la verdad es que me perdí...en un ser maravilloso que fue capaz de hacerme olvidarlo todo sin trampa alguna...Lo que quiero decirte hijo de mi alma es que yo encontré el amor verdadero y sin buscarlo...ya lo tenía en mi existencia y mi respiro...era mi sangre misma lo descubrí en mi espejo cuando me mire diferente tocándome la cara y descubrir que era yo mismo y sin entender...más entendiendo lo real de una existencia,.. La mía... y la que yo provoque en ti y en tu hermosa descendencia...Este miedo hijo es mío y es normal... no se puede hacer nada contra el tiempo y sé que te da miedo perderme...Que puedo decirte me da más miedo a mi dejarte... así me lo dijo mi padre...mas es la vida...que sigue fluyendo cada día sin importarle nada...es la vida en su prisa y nos conduce a morir...dejemos enseñanzas de vivir para saber morir y sin miedo...aunque ese miedo exista en nuestra vida terrenal...habremos de morir en paz trascendiendo hacia Dios que es eterno...

NO SABES AMOR, LA FALTA QUE NOS HACES

No sabes amor la falta que nos haces...ya no duermo igual, ya no pienso igual algo me pasa en este día a día sin ti...más le sonrió a nuestro niño...diciéndole pronto llegara mamá...has tus oraciones y pide por ella, por ti y por mí...ya estaremos juntos...

Y el niño me dice papá se me hacen eternos los días...solo me quede callado abrazándolo...y le mire a los ojos diciéndole... así duele la ausencia de quien amamos...

Ahora porque lloras hijo...no sé, se me salen solas estas lagrimas... solo atine en abrazarlo fuerte mostrándole mi amor...pero levanto su mirada...diciéndome, papá… ¿Tú quieres llorar?... ¿Papá no sabes llorar o te aguantas?… hay hijo en este mundo todos lloramos por lo que nos duele aquí en el corazón... ¿papá estás llorando?...Lo mire quieto y tranquilo y apretándome el alma…diciéndole…nomas poquito hijo para acompañarte, también los hombres lloramos...

Hay papá lo siento, no quería yo sentir esto… que como dices… duele aquí en pecho...le tomé sus manos y se las puse en el pecho a mi hijo y le dije eso es nuestro corazón que siente y que ama...

Solo es cuestión de esperar a ver qué pasa, la vida es así, pero Dios nunca muere para protegernos y cuidarnos siempre...mi niño sonrió casi entendiendo la vida…

Bese a mi hijo en su frente, lo acosté en su cama, e hicimos las oraciones y rezando juntos el ángel de la guarda...se quedó hermosamente dormido y en calma y termine besando de nuevo su frente y acostándome en su cama...abrazándolo...y limpiándome algunas lágrimas…susurrando entre mis labios…no sabes amor la falta que nos haces…

LA QUERIA MAS QUE AMI VIDA

Perdóname cielo si te estoy llorando, estoy deseando la muerte, tengo destrozada mi alma...está herida no me deja vivir... aunque esta noche es tan bella como tus ojos y se lo pido a mi Dios mismo, llévame con ella... Que me lleve a la muerte misma... me desvelo a diario soñándote...señor Dios sabes que la quería más que mi vida... y me tatué mi piel con tus recuerdos representando este dolor en mi pecho por su ausencia en mi alma a mi gran amada...

Me he perdido tantas noches e inconsciente sin importarme los días ni lo que me pasa en mi entorno, ha como le lloro, no supe despedirme de ella por este maldito miedo de perderla...no fui a verla...y la perdí, se me fue de mis brazos y de mis ojos...

Fui cobarde...tenía ese maldito miedo de la muerte porque la última vez que la vi...me dio frío en mi alma, eso sentí...y ahora ni miedo tengo y deseo enfrentar a mi suerte...busco mi muerte cielo mío para encontrarte...este vacío maldito de mis brazos que se nunca más podrán abrazarte...estos labios que se duermen cada noche...con tu nombre amor...que se entumen y se secan, porque saben que no volverán a besarte nunca...

Me dejaste dos motivos tan importantes para seguir adelante nuestros hijos perdóname amor pero evito que me miren, no sabría que decirles sin derrumbarme... me la paso trabajando para que a ellos no les falte nada...no puedo mirarles de frente y por eso me pierdo en el alcohol y en el trabajo...tu mamá y tu papá los cuidan y como me cuidan también, ahora vivo con tu familia...saben que sufro por tu ausencia y que yo solo quiero morirme...y ellos no me dejan de cuidar y ver por nuestros hijos...solo me bendicen...

Estoy tan destrozado amor, no supe cuidarte creí que siempre estarías conmigo aguantando mis tonterías…y mira ahora, me he vuelto más responsable para que a nuestros hijos nada les falte…pero este miedo atroz de verles y que me pregunten por ti me mata…ya estoy cansado y que sea lo que Dios quiera...

Acepto que te me fuiste…pero también acepto lo que me dejaste…aunque quiero morir para estar en ti, sé que nuestros hijos me necesitan…ayúdame a vivir sin ti y a mirarlos a los ojos cielo…

Y perdóname mi Dios por pedirte mi muerte es que la quería más que a mi vida y no me había dado cuenta hasta que me quede sin vida…dejándome vida…

Sin saber que hacer pero teniéndolo que hacer…es tan verdadero ese dicho y como duele hasta el alma…nadie sabe lo que tiene hasta que lo ve perdido…y es para siempre...

TE SUELTO O ME QUEDO EN EL INTENTO

Este dolor de mi alma me pide que te deje libre para ver si yo puedo renacer…tal vez haga bien en dejarte…pero no puedo vaciarte de mi vida así tan simple…y este dolor me abraza en todo mi cuerpo y me contradice mi destino…y no hay forma de cambiar de cuerpo para renacer para ti cielo…

Quiero convencer a mi tristeza y reprogramar mi vida pero siento que no hay más oxígeno para mí…Este mi cielo se me está apagando y mi depresión se convierte en una total prisión…yo que inventaba nuevos caminos buscando la dicha eterna entre tu sonrisa, buscando convencer toda mi tristeza…sin convencerla siquiera…mi sonrisa que tanto te encanta…se me hizo mueca pensando y llorando…te suelto para que seas feliz sin mi…o me quedo en el intento de sobrevivir…

Ahí llore más hermosa mía, perdóname pero no quiero ser injusto y que me veas morir…no quiero eso, intento traicionar a mi corazón pero no puedo, él condenado… como te ama, ni como matarlo…y sé que estás ahí para calmarlo y llenarlo de amor…pero este necio que no quiere que lo veas sufrir…Como te saco de mi vida si te tengo en mi alma…a veces casi ni respiro y me lo callo, quisiera morir y renacer para ti…pero soy realista no soy el ave fénix…pero como quisiera hacer eso…renacer todo entero y sano para ti…más la vida es muerte…no sé, porque pues, tus ojos me llenan de vida…Y agradezco esa vida que me das en tus ojos y sonrisa…mis manos sabes cómo tiemblan y sé que el miedo a dejarte de tocar les duele…de mi boca no te lo expreso, mejor me muerdo mis labios hasta que duela…de solo pensar en dejarte de besar…hasta los ojos cierro llorando…y ahí vuelvo a pensar…te suelto o me quedo en el intento… de vivir o de morir…todo mi sentimiento y letras cielo te las mande al alma…rezando, esperando nunca morir en ti…si muero contigo viendo mi cielo…

NO TE EQUIVOQUES HIJA

Hija no te equivoques con un estúpido…usa la razón y no el corazón…la miel no se hizo para la boca del asno…quien te quiere te esperara y vera la forma de luchar por tu cariño y sin hacerte llorar siquiera…y si te ama no solo buscara esa lucha vencerá todo pronóstico para demostrarte un amor único e irrepetible…no te quitara tus sueños…alimentara tu ego porque en ti vera a la mujer de sus sueños y buscara hacerlos contigo reales…

No te equivoques hija si ya te demostró estar en ti y para ti…y ya tienen hijos nacidos de su amor…no te dejes engañar por los años, ni la costumbre…si no te ha maltratado con palabras denigrantes, si no te ha golpeado y ve por siempre por ti y sus hijos…y siempre te ha respetado…no te equivoques hija…

Si él ha fallado y no sabe cuidar de ti ni de los hijos…entonces no podré decirte más que tengas el coraje necesario para dejarlo y salir adelante con tus hijos…pero por favor ya no te equivoques habrá más que querrán tenerte…solo tenerte y sin más…te llenaran de palabras y endulzaran los oídos y tendrán detalles como lobos engañando a la oveja…por favor recuerda lo que te enseñe…usa tu razón, no el corazón…

La vida hija, es única…yo me equivoque lo admito use el corazón más que la razón…y ya vez cuantos errores cometí…por eso insisto…no te equivoques hija con un estúpido…recuerda que si tienes niños varones tendrás que hacerlos buenos caballeros y respetuosos con las damas…y si tienes una dama tendrás que enseñarle a ser una Reyna para que sea bien tratada y que no se equivoque…con un estúpido…que se encuentre un caballero que sea trabajador y responsable…sobre todo un buen hombre que solo tenga ojos para el amor de su vida…

NO INTENTES BESARME JAMÁS

No vuelvas a intentar besarme jamás…no soy tu propiedad aunque sea tu esposa, ya ni en la cama podría estar contigo nuevamente…aun traes el labial de quien sabe…se acabó mi sentimiento y mi paciencia para ti…es cierto te has aprovechado porque nuestros hijos nos necesitan y eres muy responsable para que a ellos nada les falte…pero eres un maldito irresponsable e infiel conmigo, por eso ya nada quiero contigo…y me dices cabrona

Y si soy cabrona y más responsable que tú, trabajo para que a mis hijos nada les falte y ya sabes que no te necesito en mí, me has fallado tantas veces que ya no te creo en nada…si tuvieras vergüenza ya te hubieras largado de mi vida, pero no la tienes en absoluto…no todo lo que brilla es oro, te equivocaste de brillo y te vas con las luciérnagas…y mi brillo nadie me lo apaga, las risas de nuestros hijos me llenan de tanta esencia y me alimentan más de actitud positiva para seguir la vida…

Me dices que de seguro ya tengo con quien entretenerme…el ladrón piensa que todos son de su condición…no soy igual que tu…me doy a respetar ante todo y ante todos y ante ti…por eso ya no quiero que intentes besarme jamás…como me equivoque contigo pensé que eras tan distinto a muchos…pensé que eras mi hombre ideal y por eso me case contigo…y por eso nuestros hijos…

Y por eso, esos años de dicha…más fallaste…yo me siento plena nunca te falle, ni a nuestros hijos, puedo verlos de frente, y a ti, a cualquiera de nuestra familia…pero tú…

¿Podrás hacer lo mismo?…

Dices que quieres arreglar esto… ¿dime como lo harás?

Cuando has visto que un cristal roto vuelva a quedar igual…o que una puerta rota a puños se componga… ¿dime cuándo?

Dime como te quitaras esos besos malsanos que ensuciaron tu boca y tu piel…para que quedes intacto y nuevamente limpio para que siquiera intentes besarme de nuevo…

Discúlpame por lo cabrona que voy hacer pero contigo ya nada va a suceder…agradece a Dios por lo menos que esta Reyna te dio hijos que por supuesto serán más hombres que cualquiera…porque los voy a enseñar a ser más hombres que tú…

ESTE DOLOR NADIE LO ENTIENDE

Casi nadie lo entenderá, porque nadie lo sufre igual, estos dolores crueles que rasgan los sentidos del alma, esos que logran sangrarle el alma y sacarle lágrimas al mejor guerrero…nadie lo entenderá porque no sufre su carne igual…lo juzgaran tan fácil y sin sentir lo difícil que es quemarse dentro…aguantándose cada cruel tormento que a la enfermedad se le antoje castigarle…y si es castigo o bendita bendición cerraremos los ojos rezando que sea eso y no una maldición…Este dolor nadie lo entiende excepto los que sufrimos en igual condición…mas se trata de vivir siendo ejemplo…No hay forma que nos entiendan mucho…pues muchos no entienden que vida solo hay una y no saben vivirla…y se mueren sin haberla vivido en porquerías, sin entender en tremenda oportunidad de lo que es crecer mientras se trascurre esta hermosa vida…dando vida…

Qué fácil es juzgar sin ser tu piel la que sufre, sin ser tu vida o tú ser…si quieres mirar en verdad, cierra tus ojos y júzgate a ti mismo…si quieres hablar, aprende a callarte para que seas sabio de tu silencio…entonces y solo entonces saldrá de tu boca lo correcto…Así entenderás de la vida la mirada que tanto te habla…el dolor de las palabras que se quedaron calladas o inconclusas queriendo decirte algo más…pero el dolor interno solamente no lo dejo…entenderás las lágrimas a ojos cerrados del que se quedó con ese miedo de que no comprendieras…ese dolor que nadie entiende porque quedo claro que tu no lo sentías en la misma alma…y así me dejaste solo, y me juzgaste…

Que si me tome esto o si me tome lo otro…está bien…es tu pensamiento…mas no me llores si me ausento…y respetaras mi pensamiento cuando ya no puedas mirarme siquiera…

Sabes discúlpame la verdad es que este dolor nadie me lo entiende…ni tu que dices amarme tanto…

DESDE QUE ME VI EN TUS OJOS, SOÑABA CON ESTE DÍA

Cuando me encontré ante tan hermosa mirada, la primera vez que en tus ojos me vi, dije Dios mío que eterno es el cielo y de lo más bello…y sus labios…me atraparon en un beso soñado y vuelto realidad…me di cuenta que su alma me estaba envolviendo en la suya y me deje llevar…nunca había sentido tanta esencia y ensueño…yo que no sabía dejar de hablar, solo me calle y me deje llevar al paraíso de tremendo sueño hecho realidad…

Tuvimos detalles de vida pero siempre soñando que se podía complementar la historia y hacerla verdadera…ella lucho por mi estando ahí donde yo la necesitaba…y cuando ella me necesitó lo admito también lo deje todo por ella, no podía dejarla sola…ni ella a mi…descubrimos una sola esencia y almas juntas…nos necesitamos incondicionalmente…

Y se fueron los años sin pensarlo amándonos…arreglando y aconsejando la vida de nuestros hijos…pero sin firmar la historia del amor ya hecho y escrito…y nuestros hijos creciendo y naciendo hasta nuestros nietos de nuestra hermosa descendencia…que suspiros dejamos a cada beso dado…si había malos entendidos…solo a veces…más al final siempre lo arreglábamos a besos dados, y sin dejar de soñar que lo nuestro seria eterno…

Como un amor sublime y hacer realidad lo eterno…decirles a todos que el amor existe si no dejamos de sentir el alma y la hermosa coincidencia que logro esa comunión del alma…

A ese hermoso cielo y tiempo mismo que logro juntar nuestras miradas y nuestros cuerpos para lograr crear esa divinidad de lo que dejamos en existencia…y ejemplos mismos…

Desde que me vi en tus ojos amor…soñaba con este día…disculpa mi tardanza y mi miedo…quiero hoy pedírtelo hasta el cielo y a tu piel que vive conmigo en mis días y en mis noches…y hasta en mi insomnio mismo…

Quiero casarme contigo cielo…fuiste mi principio en ese beso que me diste con toda el alma…eres mi presente que logra colmarme y calmarme…y ese hermoso futuro que lograra mi sueño eterno amándote…

Solo contéstame besándome el alma. Esa alma mía… que es tan tuya desde la primera mirada y ese primer beso que fue capaz de lograr encontrarme en el cielo…que ya esperaba…

¿Quieres estar en lo que me queda de vida y casarte conmigo?

ME VOLVI A ENAMORAR Y FUE ETERNO

Me volví a enamorar y no era cualquier mujer…sus ojos fueron directos y sus besos francos…sus manitas en mi cara lograron la dicha del cielo eterno…sentí la eternidad lo juro mientras ella me besaba y sus besos han sido mi bálsamo y mi cura en mis achaques de esta vejez…No quisiera dejarla nunca y ver por sus sueños…

Soy su abuelo y mi vida ya no da para más…solo rezo para estar en ella y más…llorando por dentro y sin lágrimas…pues ella espera más de mí…más tiempo, más amor para darle y mostrarle el camino del que yo se…

Y ella me jura que le pide a Dios rezándole a diario que yo le muestre el camino como a su padre mostré…me quedo callado abrazándole…hermosa si vieras cuanto a tu padre amo…y a ti que te digo mi hermosa, tu padre, hijo mío y tu bella hermosa descendencia y nieta mía…me enamore otra vez de la vida en ti…y créemelo mi cielo puedo abrazar hasta la muerte sonriéndole…sabiendo de tu tan preciada existencia…

Ya no me importa morir si para eso nací…valió la pena saber de tan bellos ojos mirándome, valió la pena esos tan apretados abrazos…valió la pena ese elixir de besos que me diste para seguir viviendo para ti mi niña mía...cuantos besos de esos que no querías que me fuera de ti…

Mi hermosa niña nunca me iré de ti te lo juro…nunca me iré si me recuerdas siempre amada mía, mi dulce niña…cuando me vi en tus ojos me volví a enamorar y fue eterno…

ENTONCES ME QUEDO QUIETO Y ENCERRADO...

No entiendo lo que me dices...que me quede quieto y encerrado... ¿Por mi salud? Que temes que muera por Dios...solo mi padre Dios decide... ¿que una epidemia?... sabes cuantas he pasado a mi casi siglo de vida...pero entiendo tu preocupación, me quedare callado y esperando verte, y ver, a mis hermosos nietos, esta paciencia mía será sobrada eso ni quien me lo quite...aunque no me dejen ni besarlos ni verles siquiera...esto nunca me paso...nunca...

Como cambian los tiempos y la vida, pero hay que vivirla mientras se respira y que estas emociones del alma y de mi corazón se controlen porque quiero seguir hasta donde mi Dios permita...

Aquí en mi encierro solo rezo por todos, para que todo sea como antes y volver a besar y abrazarlos a todos...mi llanto es de angustia y sentimientos encontrados...pues yo siempre los protegí de cualquier circunstancia de vida, y ahora resulta que ellos me cuidan a mi...y yo solo miro sus caras tratando de entender la situación...ahora ellos me cuidan como yo alguna vez cuide de ellos...

Me está doliendo la vida y mis ojos...como se me estruja este corazón que tanto los ama...me quedo callado por mi vejez...solo quiero seguirlos viendo y respirando hasta donde se me termine la vida amándolos, me duele y admito...no puedo hacer nada...así que entonces me quedo quieto y encerrado esperando el milagro que sé que pasara para seguirlos amando, hasta que Dios me lo permita... y si muero estaré amándolos hasta la eternidad...

CADA DÍA, CADA NOCHE…TE AMARE

En la paz de las mañanas y en esas noches tan soñadas…te amare…dejare las noches a besos entregados y a besos despertados…que suspiros y enfrente mío y se me hizo costumbre amarte ni como dejar de soñarte ante tan hermosos ojos…no voy a dejarte sin mí, usando mi equilibrio entre nuestras almas vivas, usando nuestro silencio y gritando tanto…quizás no era tan perfecto haciendo tanto ruido en nuestras entregas…

Que manías serán recuerdos y costumbres de lo bello al caer de la enseñanza de cada día…dejando suspiros en cada noche amándonos solo abrazados…solo amándonos sin decir más…

Al caer de cada noche sentiré…esos besos que dormirán el alma y despertaran mis sentidos y abriré mis ojos solo para besarte agradeciendo la dicha del alma…que rabia tendré del pasar de mis años queriendo más de ti…arriesgando mi silencio y no siendo yo tan perfecto….

Puedo poner un ejemplo…y esto está de más para mi… eres importante…será mi costumbre cada noche amarte….

Amor voy a dejarte mis restos que serán completos…para dejarte llena de mí y colmada…llena de paz como me enseñaste a ser…

Amor en silencio y en lo completo, en lo falso y lo correcto… lo dejare todo en ti, aun con tus manos frías al alba calentare tu alma… por lo importante que siempre fuiste para mi…y se me hizo costumbre amarte… durmiendo contigo y cada día despertando en ti…

Toda la paz de tus caricias me dormían y esa carne viva que me despertaba cada día besándome para levantarme y para seguir siendo esa muestra y ejemplo de vida…te amare hermosa mía…

Me enseñaste como amar tus gestos para seguir ahí amándome…para levantar mis bríos amándote…quiero que perdure esto, y que lo nuestro sea eterno lo que nos dure la vida…

Será cada noche y cada día…serán eternas nuestras miradas amándonos…sin despertar siquiera a la vida, haciendo nuestra vida eterna amándonos…

NO HAY QUE LLORAR…HAY QUE AGRADECER TU EXISTENCIA

Perdón si lloro tu ausencia, debo agradecer tu hermosa existencia…la viviste conmigo cada día y soñaste conmigo y yo contigo…Dios fue hermoso y te me dio para cuidarte los años que fueron necesarios y que no me llenaron de ti…perdóname Dios…solo que quería más de su esencia, pero agradezco su existencia en mi…agradezco ese hermoso sueño de verme en sus ojos hasta que sus ojos se cerraron ante mi…

Agradezco señor esa hermosa existencia que en sus ojos me veía…aún sigo viendo en mis días y en mis sueños…agradezco tanto esa hermosa existencia…y fue mío tan bello ser…Perdona mi llanto y mi reniego y mi falta de oración para que trascienda…solo perdóname señor no me preparaste para este momento…sé que debo agradecer su existencia…y no hay que llorar…

Su bello ser y su sonrisa eran parte de mi día a día… me colmaban y eran mi alba, mi día…y noche que ahora es eterna pues no quiero despertar si sueño con tan hermoso ser…que me pide paz para mi alma y me sonríe pidiéndome paz para su alma que tanto me ama…y tengo que entender ahora mi realidad de que ya no está conmigo, que tengo que rezarle, que no hay que llorarle…y que tengo que agradecerte mi Dios la existencia hermosa de su ser en el tiempo que me prestaste su vida…

ESTA VIDA HAY QUE AMARLA

Somos tan superficiales a veces, que no agradecemos la dicha de seguir respirando esta vida y este aire y esta tremenda oportunidad de seguir vivos...es cierto se nos muere gente amada...y en vez de orar y agradecer la hermosa oportunidad de amarla en vida...renegamos, lloramos y sufrimos por lo que ya no podemos hacer para hacerla feliz...y otras más se amargan insultando hasta Dios...como si fueran un gran ejemplo de vida...no queriendo ni tantito alcanzar el cielo...

Esta vida hay que amarla y amarnos, respetarnos a nosotros mismos...aceptar de la vida el tiempo pues eternos no somos ... polvo somos y en polvo nos convertiremos...nacer, crecer, reproducirnos y morir...aquí no hay reclamo, es la vida y hay que amarla...tan frágiles y tan fuertes, aprender mientras se vive y dejar ejemplo eterno a la descendencia...camino difícil...hay quienes entienden y dejan una sonrisa y ejemplo bueno...otras ni siquiera entendieron lo que era la vida...solo se murieron sin ser nada al aire ni al tiempo...sin esperanza ni ejemplo...

Hay que agradecer esta dicha de vida... ver con nuestros ojos, mientras otros están ciegos...y ven mejor que nosotros y hasta cantan a la vida...y podemos caminar y disfrutar, mientras otros se lamentan por no tener piernas...y terminan siendo mejores que nosotros enseñándonos a caminar la vida. ¿Dónde quedaron los sentidos? Y nosotros podemos oír...y el sordo hasta música compone... ¿Saben cuál es la diferencia? ellos aman la vida y se aceptan como son... ¿porque es tan difícil vivir teniéndolo todo?... esta vida hay que vivirla, sentirla, soñarla respirarla y enfrentar lo que venga...Con amor actitud y aptitud, sin resentimiento alguno... esta vida hay que amarla como venga, nos da de todo porque eso somos...vida, muerte y renacimiento...

NO PUEDO HACERTE MAL

De ninguna forma o pensamiento…eres parte de mi vida y eres mi vida…eres mi sangre y mi pensamiento diario…solo de mi sale bendiciones para ti…tengo detalles

De vida y veces me siento mal…y no te lo digo…para no preocuparte…es mi mal y no el tuyo…

Y lamento que sea mi sentimiento al que le duela…perdona…no pensé en el tuyo…

Lamentó eso no pensé en ti…solo pensé en mi…y que mal me sentía, no quería decírtelo solo mis lágrimas limpiaba, no quería hacerte mal alguno…deje mi dolor al alma…bendiciéndote alma mía…no podía hacerte mal alguno, mi dolor era mío…y mis lágrimas yo me las podía limpiar para estar fresco contigo…no puedo hacerte mal alguno, solo perdóname mi hermoso cielo…es mi vida la que se acaba y la tuya como florece a eternidad…

No dejes de mirarme a los ojos te dirán tantas cosas, podrán cantarte eternidad y será mi voz quien logre calmarte cuanto llores por mí ausencia…sentirás mis besos en tu frente y mi calor al abrazarte…mejor no llores y sonríe…prepara tus labios que voy a besarte…

Y no llores que sentirás mis brazos para consolarte…

No puedo hacerte mal alguno, sentirás mi esencia, que no dejará que sientas soledad alguna…estaré en ti…mostrándome en todos mis sentidos en tu ser…solo rézame que me sentirás como me lo pidas…estará mi alma ayudándote, para que no sientas mi ausencia y sintiendo mi tanto amor…porque jamás en tu vida yo puedo hacerte mal…

NO SE MUERAN SIN AGRADECER A DIOS

Hay muchos que se mueren…sin agradecer a Dios…Padre mío y Dios mío yo quiero agradecerte por mis tantos días y amaneceres hermosos y esos sentires de vida de mi tiempo que gracias me has dado, girando entre las tristezas y sonrisas…logrando maravillas con tu poder padre mío…como no agradecer tanta dicha…de la vida que me diste…si ya tenía la dicha de mi vida y las maravillas respiradas a cada atardecer…entre melancolías…y risas tan vividas…

Disfrute de mi ser…y de todos mis seres que logre comulgar en mi existencia, siendo mi sangre misma…gracias padre mío por esa vida que me diste para darle vida a mis hermosos seres y bellas existencias…

Yo no me quiero morir mi Dios sin agradecerte tantas dichas y nostalgias vividas, Gracias padre mío por las alegrías y las tristezas…gracias porque sé que a mis plegarias no me dejaste…solo me regalaste tanto y siempre me demostraste tu poder en mi respiración cada día y en mi perdonar a quien daño me hiciera…

Y admito que eso no lo entendía…fue difícil…

¡Como perdonar a quien te ofende!

Solo Dios lo hiciera y no soy suficiente a tanta magnitud…le pedí ayuda a mi alma y a mi Ángel de la guarda…y no estaba tan calmado…más su solo nombre fue suficiente para arreglarlo todo…y darme paz…

Admito mi Dios tu grandeza pues me calmas mis dolores a mi enfermedad y me cubres para seguir existiendo ayudándole a mis pies a seguir la vida, para vivir hasta donde tú me lo permitas…

Y perdóname padre mío porque me agarro de tu nombre para seguir existiendo…

Hay muchos que se mueren sin agradecer que existimos por ti mi Dios…hoy déjame agradecerte mi existencia y todo lo me das…

Como no agradecer tanta dicha…de la vida que me diste…si ya tenía la dicha de mi vida y las maravillas respiradas a cada atardecer…entre melancolías…y risas tan vividas…

Disfrute de mi ser…y de todos mis seres que logre comulgar en mi existencia, siendo mi sangre misma…

Gracias padre mío por esa vida que me diste para darle vida a mis hermosos seres y bellas existencias…te agradezco mi Dios tanta dicha y mi vida misma…

NO VOY A DEJARTE SOLA

Deja de llorar hermosa…mejor víveme mientras viva para ti y disfruta de mis ojos que viven para ti…bésamelos como yo beso los tuyos, se trata de llenarnos mientras vivamos…la realidad amor es que no somos eternos, vamos a vivirnos que sean eternos nuestros momentos…después cuando me veas o te vea sin vida será pensar… en que no nos dejaremos de pensar…sonriéndonos

Mi pensar amor lo dejare escrito en tu alma, a besos dados y en mi sangre propia…siempre cuidare tu sonrisa que siempre me dio la vida y si se me acabo la vida…perdón siempre fuiste mi estrella y prometí no dejarte sola…

Si algún día no estoy en ti sonriendo, ni besándote…búscame más cielo estoy dentro de ti, en tus pensamientos amor…y en esos lindos labios que tanta esencia te habré dejado y creo que en mi cielo pecare… como quisiera deshacerte a besos de esos que lograban perderte… siendo yo tan impredecible a tu piel, yo tan difícil de explicar…tu tan demasiado buena…y creo que no fui a tu medida…

Más pensare una y otra vez, no voy a dejarla sola, muy complicado lo que fui para ella…y logre que me amaras, y lo jure pero no voy a dejarla sola, ella me amo…y yo la traigo en mi cabeza…ella es muy buena para mí, me ama de sobremanera…logro ser mi vida y como me beso…

Es complicado de explicar más detalles lindos, pero ella es mi vida, puedo decirlo sus besos, su mirada, su cuerpo su esencia encajamos a la perfección y somos una hermosa historia… quizás dejamos los susurros es que ella no quería gritarlo lo que nos amamos, imposible no fue…con sus ojos me lo grito no me dejes sola…grito mi alma al mirarla…susurrando, jamás voy a dejarte sola…y termínanos besándonos y fue eterno…

GRACIAS POR EXISTIR

Saber de ti en mi vida lo cambio todo, llenaste de luz toda oscuridad en mí, y le di gracias a dios por tu existir, por tu sonrisa, por tu mirada, por tus manos... por ti

Por existir tan hermosa y brillante como una estrella.

Todas las noches miro hacia el cielo me quedo suspirando por tan grande parecido, eres el reflejo exacto de la esencia del cielo, y provocas que mi cuerpo se quede suspendido, embelesado de ti, de tu cuerpo de tu alma, de tu boca... Que aún no he besado... ni tocado, solo en sueños tengo esa dicha y me levanto llorando porque mi cama está vacía sin ti...

Para seguirte enamorando tendré el tiempo y la paciencia del mismo infinito, mientras me conformo con saber de ti... con verme en tus ojos, tocar tus manos y saber de ti...y tus palabras de amor alentándome para llegar a ti...

Amor te amo... por existir gracias.

Nunca me alcanzara el tiempo para demostrarte mi amor, pero sé que al final lograre sentir la dicha otra vez de besarte y que tus ojos logren mirarme con el mismo amor que siempre me has dado y demostrado...gracias por existir...

ESTA ES MI SANGRE MADRE

A veces estando solo, me pongo a preguntarme, y trato de recordarme en que momento me dejaste solo Madre…mis recuerdos no me mienten, ahí estas presente, en cada recuerdo y en cada instante…por eso este llanto no puedo calmarme…y te me presentas para regañarme, porque lloras si te enseñe a vivir la vida y te prepare para cualquier circunstancia…hasta sentí como me limpiabas las lágrimas mirándome tan hermosamente eterna y repitiéndome que nunca me dejarías solo…anda a seguir la vida que soy tu madre y tú eres mi sangre misma…y volví a sentir ese beso en mi frente que siempre me dabas…La vi irse sonriéndome y feliz, bendiciéndome, diciéndome tranquila, así como vi por ti, mira por tus hijos y hazlos felices, son mis nietos y mi sangre, prepáralos no solo para ser hombres y mujeres de bien, también para soportar los daños de los años que con lleva al hermoso crecimiento espiritual y terrenal… porque de esta vida nadie sale vivo, te lo juro hijo que es aprendizaje, solo aprende a vivir para que enseñes bien a nuestra descendencia…Te juro que descanso en paz, y tus oraciones son una hermosura espiritual, nunca dejes de hacerlo mientras vivas, enséñales eso a tus hijos, la fuerza de la sangre unida en la oración y sin decir adiós dejando tantos y bellos recuerdos que nos mantienen vivos mientras nos recuerden y sueñen…aunque ya no estemos, seguro los llenaremos, en miradas, recuerdos, sonrisas y bellos consejos…

Gracias Madre, sé que sigues conmigo y estas con Dios y perdóname por ser tan humano y déjame buscar en mis rezos lo inhumano, para lograr esa esencia exacta del cielo y la palabra, respetar cada mandamiento que nuestro señor nos dejó para entender la dicha de que el amor existe…esta es mi sangre madre y es tuya, y lo entiendo tanto que ahora se los trasmitiré a los que tanto amaste, a mis hijos, a mis nietos y lo que la vida vaya trasmitiendo a cada ser de nuestra descendencia…

SE ME ESTA MURIENDO UN BESO

Se me está muriendo un beso y los que esperan por ti…donde pondré tanta ausencia para no sentirlos morir, no sé qué hacer con esto que duele de no tenerte en mi…estas lagrimas atrás de mi alma escriben al aire y se las avienta al mar donde sé que estas…esperándote alcanzar usando estos suspiros y quizás acierte y logre hacerte regresar… para colmarme y revivir tantos besos dañados y muertos que esperaban por ti…esperando con fe que tú los resucites… para darte lo que nadie jamás le he dado…

Como quisiera abrir el cielo y el tiempo, respirar junto a ti, para tomarnos el tiempo de no soltarnos nunca más…y no tener más frio nunca más, abrazarnos, colmarnos, dormirnos y despertar unidos…empezar y seguir soñando donde no nos separamos nunca más…y mi alma suspirando como musitando…ojala…

Te escribo tanto en el aire pensando en tu linda imagen, es que no logro borrarte estás conmigo a cada instante, tan solo ven a quedarte y a romper mi soledad…cuando me mire en tus ojos sé que el sol para mi volverá salir, tendré tantas cosas que decir y seré pausado aunque este como loco enamorado, contendré mis ansias por volverte a sentir…abrazándote cerrare mis ojos disfrutando de tan hermosa mujer y esencia, porque sé que al fin estarás en mi…

De solo pensar en ti y de pensar en lo que viene para mi…ya no se me mueren los besos pues están deseosos de ti y de tu piel…de solo pensar en ti amor…me resucitas el alma y mis suspiros…pues ya te están besando mis recuerdos y mi realidad imaginándote…besándote toda…

NOS TENEMOS QUE IR AMOR

Siento tanto haberte fallado cielo, la verdad es que nunca lo pensamos ni tu ni yo…todo ha cambiado se nos fue la vida, se nos olvidó vivir, mientras nuestros hijos crecían… les dimos esa vida y ahora nos hace falta un poco de vida para rehacer una nueva ilusión y terminar dignamente nuestro amor e historia que dejamos en nuestra descendencia…Ya no llores cielo mío, amar nunca será un error Dios padre nos lo enseño y así educamos a nuestros hijos con nuestro tanto amor que juramos ser eterno y besando lo sublime, en nuestras miradas diarias, en nuestras sonrisas picaras y escondidas, que solo nosotros entendíamos…hasta suspiro y me mantiene vivo tantos besos dados al alba, al anochecer y al día…tantos años de cómplices besándonos la frente luchando por ese porvenir de nuestros hijos…

A donde nos vamos a ir amor me lo dices llorando…te abrazo y te lo digo… a volver a empezar donde sea pero juntos cielo…de aquí nos tenemos que ir amor…esta ya no es nuestra casa la perdimos…y yo tampoco puedo creerlo… más es así la vida y lo que dejamos de vivir…no quiero dejar nuestra casa, nuestros muebles, nuestra cama viejito lindo…no puedo con este dolor que me aumenta aquí en mi corazón que no está tranquilo…¿y nuestros hijos? ¿Dónde están cielo? Tranquila amor ya no te angusties, te quiero y te necesito completa para mi…prometimos estar juntos en las buenas y en las malas que no…estate tranquila viejita hermosa yo resuelvo…guarde algo de dinero para comprar un terreno y empezar juntos de nuevo…recemos por nuestros hijos cielo y sin llorar y vamos a pedir por ellos para que no se les olvide vivir como a nosotros y que nos les pase lo mismo cuando nuestros nietos crezcan y que no se les olviden sus padres…lo material amor algún día entenderán que nunca será mayor al amor inmenso y verdadero de sus padres…

ESTE ES MI CIELO PARA TODOS

Estoy pintando un cielo y es para todos, será brillante y desbordante en la paz esperada, algo me duele y lo sé, estoy pintando directo de mi esencia y casi desmayo, pero mi Ángel de la guarda se presentó para ayudarme y llenó de inspiración mi óleo, por todas partes…me dio la fuerza para seguir insistiendo en crear el óleo exacto para la vida…

Me sentí fuerte y hasta pensé en quitarle el miedo a todo el mundo, buscando crear solo sonrisas en este mi cielo, logrando el cielo perfecto para quien lo respire…

Cuanto dolor en cada letra y palabra permitida en esta pintura de mi vida, más valdrá la pena la dicha lograda, seremos dos los que pensemos en dejar este cielo para que todos logremos mirarlo y respirarlo…

Y no dejaremos de orar por nuestro mundo, para que cambie a la razón y a la vida pura que solo Dios nos dejó a esta gente dura, que no usa ni su corazón…ni su razón…

La verdad es que no tienen idea de la trascendencia y de la espiritualidad hacia lo que viene…y tanta hermosura que Dios nos ha dado en la descendencia misma…el amor es exacto cualquier alma buena logra ese respiro en cada noche…

En verdad les digo a los que se han equivocado haciendo daño…hacen pedazos a su propia familia…llorando lágrimas de lo que dejan a su sangre misma…

Ojala se arrepientan a tiempo y pinten como yo un hermoso cielo, y hagan esa diferencia de la vida y de muerte…

Pues nadie se muere en este hermoso cielo que estoy pintando y sé que Dios me está ayudando, aquí en mi cielo no existe lo material, ni la maldad, ni la envidia, no se piensa siquiera en hacer daño alguno a nuestros semejantes…

Imagine en mi oleo tanta paz…y sonrisas que se me vacío el alma…logre mirar a mi Ángel que ahí seguía conmigo…

Y me quede intranquilo pues no pensé en nada solo en mi sueño…

De tanto seguir pensando y pintando mi cielo con mi esencia misma y antes que se acabara la mía…seguí pintando con esa esencia divina y brillante… era la de mi Ángel…

Y así terminamos nuestro cielo…con nuestra sonrisa y paz… ya viendo tanta hermosura…nos fuimos juntos…

El me cargaba y aun murmure en sus brazos…este es mi cielo soñado para todos…

ACASO NO TE DUELE

A caso no te duele esta enfermedad…como puedes seguir adelante sin pensar en que estas por terminar, porque no reniegas de Dios y de la vida…solo sonreí, se trata de vivir aprendiendo y los dolores como vayan saliendo, y sin quejarse ante nadie…somos ejemplo que no…pensé por dentro, acordándome de mis ancestros incluyendo a mi padre… y vaya que si duele irse haciendo menos a lo que uno era…aprendí a callarme a tiempo…y entendí que era mi tiempo para callarme…no iba a morirme igual a como me conocieron…por todo lloraba…siempre me lo dijeron…aprendí antes que todos a llorar y a sentir lo que dolía…cuantas veces me calle y ya no lloraba…aprendí a limpiar mis lágrimas antes de me vieran débil y angustiado…

Ahora todos se callan…están ocupados en sus vidas…ahora tienen familia y hermosos descendientes y yo se los bendigo a todos mis hermanos… callado me encuentro hoy mientras decaigo en esta maldita enfermedad que la enfrento y sin preguntar porque…y admito que a veces si lloro, pues duele hasta los huesos logrando cerrar mis ojos para contener esas lagrimas que ya no quiero que vean…nadie…esto es mío y solo mío…se me está rasgando el alma…a llanto caído y contenido…total este dolor es mío y me lo trago como el vino que a veces logra minar este calvario que se da fiesta con mi cuerpo, con mi mente y mis recuerdos…

Si sigo llorando tengo que admitirlo, pero de que me vean a todos dejo sorprendidos, se trata de ser ejemplo y dejar esa fuerza de la esencia de nuestra sangre misma…si me duele esta enfermedad pero ya duele menos a cada año que logre vivirla…mira pues me lo digo a mí mismo y sonriendo…porque sonríes, ¿acaso no te duele esta enfermedad? Mientras siga vivo yo sonrió venceré lo que se me presente…y si acaso muero… tenlo por seguro…moriré sonriendo…

TU ESPACIO ESTA VACIO, Y COMO DUELE

No encuentro las palabras, hasta el aire me falta…no puedo ser feliz tu espacio está vacío…como dueles y hasta el aire me falta, donde esta esa mirada que me levantaba…esa sonrisa que me llenaba…para seguir la vida…llenabas mi roció de vida… a sonrisas colmadas…me faltas tú…

Tu espacio está vacío…inexplicablemente eres solo silencio…me faltabas tanto tú y le dolías a mi existencia…mejor cerraba los ojos para no mirar lo que duele… era tu imagen…así no podía ser feliz viéndote en mi…mejor me abrazaba a mí mismo queriendo sentir ese calor de ti…

Este cielo esta nublado ya no lo pintabas tu…tu sonrisa era la hermosura del cielo y la mañana…esto duele tu espacio está vacío y como duele, desde que no estas esto duele hasta el alma… como quisiera que estuvieras aquí besando los labios que tanto te extrañan…y de la piel que te digo grita a silencios dados a tu piel para que despierte a besos dados pues se durmieron besándote toda…

No me quede dormido o creo que si…la verdad no entiendo, creo estaba del cielo al suelo, estaba tan perfecto en tu piel y mis poemas eran para lo que sentía besándote…y era tu piel la me perdía, eres tan perfecta mujer para mí que ahora no sé cómo dormir…insomnio nunca había sentido, era tu piel y mis sentidos los que me perdían…trataba de soñar y era contigo amor besándote…perdiendo todos mis sentidos la verdad lo perdí todo al besarte y no besarte…soñándote…es que siempre fuiste mi sueño y ahora que tu espacio está vacío…como duele… no encuentro las palabras exactas para mi sentir, hasta el aire me falta de mis labios para nombrarte, pero aun te sigo respirando imaginándote…

¿QUE ESTAS HACIENDO PADRE?

Un día cualquiera, llegue a visitar a mis padres y encontré a mi viejo, mi hermoso padre afuera de su casa, barriendo…mostro su enorme sonrisa al verme y yo en tan tremendo orgullo de verme en sus ojos, solo atine a decirle, ¿Qué estás haciendo padre? Estoy barriendo la vida, lo que deje de hacer hace tiempo, quizás hijo vamos a destiempo…y le dije, viejo no te entiendo, de eso se trata la vida hijo, de entender en el momento y se me quedo viendo fijo, hijo la vida es cualquier momento aquí y ahora…

Y que no se lo lleve el tiempo…déjame enseñarte eso, porque siempre te lo he mostrado, pero tú a tiempo no has estado, por eso sigo barriendo enfrente y por la casa…Para hacerles entender a todos que el buen juez por su casa empieza y termina… dar un buen ejemplo a toda tu familia es barrer siempre, desde tu casa, desde adentro…Y hasta afuera sacar toda la basura que no sirva…y lograrlo hasta estar conforme aunque en eso se te vaya la vida…

para que caminar aprisa a este mi tiempo, ya no se acorta ninguna distancia, prefiero detenerme en tus ojos para tenerte conmigo y en mis recuerdos…esta vida hijo mío, se me está yendo de bajada, pero me mantendré vivo mientras pueda…así que mira los ojos de tu padre como yo miro los tuyos…Nuestro momento será eterno, somos todo y la nada…cuando los vientos del olvido dejen tanto polvo quizás me estaré elevando a tus sentidos, serán mis abrazos y tantos besos…cuando mires tus pupilas que lloren frente al espejo y esas lagrimas te traicionen, No quería eso…pero se fue mi alma entre esas lágrimas para consolarte…

Al final de la vida hijo si me ves todavía y te pregunten tus hijos ¿qué estás haciendo padre? Solo sentirás mis últimas palabras y mi mirada amándote como siempre…

YO VOY A CRECER ANTE TODO

A esta vida vine a vivir y a sobresalir, a ser alguien importante y sin pisotear a nadie, ser ese ejemplo a seguir a pesar de mis tantos errores, sobrevivir a la vida y a las complicaciones, vine a buscar el cielo para verlo de frente ante mí y disfrutarlo…a pesar de los pronósticos de la vida, estaba mi sonrisa por delante…Yo no pedí nacer…más las almas que se juntaron con amor, lograron ese milagro, ni como sopesarlo tanto…. solo abriendo los ojos entendí que mi respiración era necesaria para alimentar ese corazón que ya latía en mi pecho…que algo alimentaba a mi ser…y a mi alma…

Así entendí de inmediato, no puedo morirme aquí…yo voy a crecer ante todo y ante la vida propia, dejare evidencia de que nací, crecí, me reproduje y lograre ser eterno, dejando ante mi cielo y lo que deje viéndome de frente… solo sonreía para impulsar igual a su crecimiento espiritual y guerrero…

Yo voy a crecer ante todo, seré un buen soldado y venceré lo que venga…y si me siento herido o casi muerto, me levantare y renaceré a la esperanza misma para lograr al final…

Sonreír en paz para entrar al cielo mismo…aunque este caído, mi cuerpo…mi espíritu no estará nunca vencido…ya que mi alma me estará llevando a mi destino…

HOY ME PERDONO

Por todo el mal que le he hecho a mi cuerpo, y a mi ser… hoy lo reconozco y admito tanto error de no cuidarme y alimentarme sanamente, perjudicándome altamente a mi destino…la verdad cometí el error de muchos y llegue a pensar hasta en la eternidad siendo joven…hoy se la verdad y lo vulnerable que somos…podemos morir cualquier día y en cualquier circunstancia…así que hoy padre mío y Dios mío, agradezco lo realizado en mi vida y los años que me permites respirar tan tremenda esencia de bellas imágenes y oportunidades de verme a través de los ojos de cada ser cerca de mi existencia, para aprender a reconocer lo que vienen a enseñarme…Sinceramente hoy me perdono y dejare por aquí estas letras y esperando entiendan lo que cada uno venimos a dejar o a enseñar en este mundo…humildad ante nosotros mismos para honrar a nuestros padres y a la gente pues cada quien carga su propio destino entre sus manos…aceptar nuestra vida como este, cada día, enfrentar con valentía cualquier enfermedad con la mejor arma que nuestro padre nos enseñara…la oración…Hoy me perdono mis malas acciones y mis indecisiones, el llanto inútil ante lo perdido…y mientras Dios me perdona mi arrepentimiento, dejare que mi memoria se llene de buenos momentos y acciones que no he de decirles, pues lo bueno no se cuenta, se deja en nuestra alma y corazón para poder quizás lograr esa dicha del sueño perfecto con la sonrisa de paz en nuestra cara…Por todo el mal que le hecho a mi cuerpo, a mi ser y a mi estancia en esta vida, hoy me perdono, esperando aun tener el tiempo de cultivarme y enseñarme a mí mismo a que vine a esta vida tan maravillosa…admitiendo tranquilo y en paz cada perdida que ahora veo como ganancia…Hoy me veo de otra forma ante mi espejo estoy aprendiendo a perdonarme y a comportarme ante quien debo, ante mí mismo pues mientras respiro tengo tiempo de salvarme…

NO HAY EDAD, PARA MORIR...NI PARA SUFRIR...

A veces uno se cansa de aparentar de sonreír...cuantas veces me calle y solo sonreí...cuanto aguante o cuanto orgullo...como me reprochaba ante mi espejo porque no decía lo que sentía...cuanto coraje y dolor...a veces fingir no detiene lo que al tiempo no le importa...nadie puede detenerlo a todos nos lastima en pasado en apariencias...solo véanse las manos y enfréntense al espejo...

Se vale llorar de aquí de esta vida que corre de prisa nadie se escapa...nadie...ahí se nos borra la sonrisa...nadie escapa ante la verdad...La mayoría se hace el desentendido y que no pasa nada... pero si pasa, las arrugas y tus dolores te lo gritan...no hay dinero que resuelva lo que es inevitable, ni medicina que lo evite ante la muerte evidente...no hay edad para morir...ni para sufrir,... y hay tanto tiempo para discernir la vida al menos los que tenemos esa dicha...de sobrevivir algunos años y agradecer al menos los que sean...

Algunos se fueron antes de saber hablar o entender que pasaba...

Y aun los que estamos aquí sin entender la vida y de lo que venimos aprender para ayudarnos a bien morir y trascender a esa dicha eterna después de la muerte...llegar a una edad y no entender es cuestionable ante lo que la vida nos enseña a diario...

Hay que saber agradecer a Dios nuestra existencia, alimentar alma y espíritu, dar ejemplos dignos de seguir a nuestra descendencia y conocidos, mostrar de alguna forma el buen camino hacia la gloria eterna, porque a mí me queda claro que ha esta vida venimos a aprender y ayudar...

EL DIA QUE YO MUERA SEÑOR…

El día que yo muera señor dame lo que yo merezca… dame la paz en mi sueño para que sea eterno o dámelo lento si es lo que yo merezco… eres ese divino juez de la verdad. Tú me diste la vida para entender y aprender mientras la vivía… dame esa verdad para entender lo que la mayoría no entiende…

¿Por qué no sienten el alma que nos diste Señor? … Cada quien busca una religión sin buscar en su corazón y la verdadera palabra que está en nuestra vida…Si vamos a cambiar esta… en nuestra fe y en tu palabra… la que quedo escrita… El día que yo muera señor dame la razón de mi existencia para saber morir colmado en paz y trascender a esa vida prometida…El día que yo muera Señor… solo te pido hazme un enorme favor…

Déjame despedirme ante los ojos de los que amo…El día que ya muera señor disculpa si digo lo que siento o me molesta todo…porque no quiero morirme… la verdad y perdóname, por lo que creo Señor…Creo sinceramente y a lo que he aprendido de tu palabra y enseñanzas que nos dejaste… la verdad padre mío… creo que aquí no se acaba todo… eso lo siento en mi alma…

Voy a dormir sonriendo porque se la paz…que me estará invadiendo…y rezare por lo que me están llorando para que encuentren ese hermoso camino que para todos será destino…déjame musitar de nuevo estas palabras si fuerzas tengo…y que se pongan en mi epitafio porque eso quiero…

El día que yo muera señor dame lo que yo merezca…dame la paz en mi sueño para que sea eterno o dámelo lento si es lo que yo merezco… eres ese divino juez de la verdad. Tú me diste la vida para entender y aprender mientras la vivía… dame esa verdad para entender lo que la mayoría no entiende…

AGRADECE A DIOS, TÚ AMANECER

Aunque el dolor te agobie y lastime tu cuerpo, no dejes de ser ejemplo...a cada instante da lo mejor de ti...muéstrales a todos el camino de un buen final...donde está la verdad hacia Dios... muéstrate agradecido con todo lo que has tenido, ya sea mucho, ya sea poco...solo valora tu vida y la oportunidad de haber nacido.

Agradece a Dios tu amanecer, dale besos a tu mujer y a tus hijos, y pídele volver a verlos agradeciendo su existencia en tu vida, recuerda que todo es prestado para saberlo vivir...

Se humilde ante Dios y también pide volver cada día para disfrutar de esta hermosa estancia de vida donde estamos para aprender y enseñar la vida a los que están y vienen por nacer...

Deja las cosas superficiales y alimenta el alma...esa que siempre logra tu calma...cuando el estúpido enojo solo lagrimas te dio, aquí alguien no entendió de la vida y lo que llega a uno...

Ya no ofendas a nadie porque te ofendes a ti mismo... aprende a perdonarte para perdonar a todos... es lo mismo que amar, como pretender amar a otros, si no te amas a ti mismo...

Si la vejez te llega, agradece esa hermosa oportunidad aun con todos esos dolores, no cualquiera llega a ese eslabón de vida terminal, logrando aconsejar de buena manera para cambiar vidas y almas...

He visto ancianos que no aprendieron de la vida quedando pendientes de ser agradecidos y sin conocer a Dios...

Más he visto a otros dulces y sonrientes, esperado una buena transacción a la muerte y no será suerte para morir en paz...

Será la vida misma que aprendieron a distinguirla...

Agradece a Dios tu amanecer, aún es tiempo, mientras respiras y sientas tu alma...

Aunque el dolor te agobie y lastime tu cuerpo, no dejes de ser ejemplo...a cada instante da lo mejor de ti...

Muéstrales a todos el camino de un buen final...

Donde está la verdad hacia Dios...

Muéstrate agradecido con todo lo que has tenido, ya sea mucho, ya sea poco...

Solo valora tu vida y la oportunidad de haber nacido.

HOY ME DESPERTE LLORANDO

Hoy me desperté llorando...tus recuerdos en mi seguían despertándome...aun en mi cama estaba limpiándome las lágrimas de lo que me dolía...sentía que se me iba hasta la vida...

¡Ah como me dolías! y estos suspiros no me dejaban en paz alguna...quizás le grite al cielo por tu ausencia, ni me acuerdo...solo seguía con mi dolor que lo sentía hasta el alma mía...Y lo pensé así será siempre mi martirio del amor mío que se me fue...nadie me confortaba entre mis sueños solo lloraba...hasta que apareciste de nuevo tu para colmarme...

Estabas con una tranquilidad tan colmada que hasta la paz me brindaste reflejando tanta brillantes, que solo me quede mirándote...se me perdió la realidad y el sueño...

Cuando me limpiaste las lágrimas en mi rostro, es que estabas tan en paz...y yo llorándote... ¿me dijiste que haces?

¿Por qué lloras?...Cada quien vive su tiempo y su vida y hay que saber vivirla...Yo estoy en paz, ¿Por qué no buscas tu paz?...

Sus ojos se quedaron como siempre grabados en mí y así me miraron... aun le dije... perdón... sé que nunca te gusto verme llorando y siempre me lo dijiste... esta vida no es eterna para nadie solo del que tiene fe y busca a Dios humildemente...

¿Tú ya lo buscaste en vez de quejarte?...

Hazme un favor en vez de quejarte de la vida…y lo que perdiste…

Agradece a Dios lo que tanto te da…respira todo lo que la vida y mi Dios nos da…hay que agradecer cada día mientras tengas vida… a nadie le duele menos una pérdida de un ser querido

¿Entiendes eso?…no te despiertes llorando por lo que has perdido… Mejor pregúntate si quieres ir al mismo destino…

¿Ya te ganaste el mismo camino para ir detrás de ese cielo?

Así que no te despiertes llorando y renegando… despiértate orando para estar con ellos… y ganarte el mismo sendero que ellos se ganaron…

Ya no les des lágrimas y dolor, regálales oraciones por ellos y para ti… a lo mejor tú las necesitas más que ellos…

Ellos ya están en paz… ¿y tú?… ¿Cómo estás?…

¿Cómo te despiertas orando o llorando?

CUANDO LO VI MORIR

Cuando lo vi morir y me apretó la mano me lo dijo claro y sin enojo alguno, estoy muriendo en paz a pesar de todo, porque todo lo intente para que se viviera en paz y armonía entre la familia...pero hay familia que tengo...como si no supieran que también van a morir...aquí nadie se salva ni es eterno, cada quien pagara sus culpas y rencores....ni como regalarles un buen final a los que no entienden...que tontos y vanos somos los humanos...

Es claro que cada quien se muere como quiere...y cada día se trabaja en eso para bien o para mal, se trata de entender a tiempo y cambiar...ojala entiendas la vida hijo me dijo mi abuelo antes de partir...trata de ser consiente y aprender de la vida...si la familia no quiere estar unida, no te destruyas intentándolo deja que la vida les de lo que se merecen...ahora que estoy muriendo lo entiendo aunque duela la sangre les dejare mi rezo en mi partida...ya se arrepentirán si tienen alma...

Le estoy dejando a Dios mi dolor y mi enfermedad, pues entiendo que tengo que soltar lo que no me deja ir, que debo llorar y pedir por los ausentes y darles mi bendición para ayudarles en su transición de vida que algún terminara y espero en Dios lo entiendan a tiempo y no hereden esos sentimientos y malos entendidos a su descendencia,

Que se rompan a tiempo esas cadenas de amargura y que nadie de mi sangre vuelva a vivir este dolor que desgarra el alma al ver que la familia que siempre quisiste que se uniera siga alimentando rencor por motivos insignificantes y absurdos...y me miró en completa paz, sonriéndome dejando de apretar mi mano...pero apretándome el alma....

HISTORIAS DE VIDA

No sé cómo terminara mi historia, pero dejare miles de páginas e historias de vida que te dirán de mí mucho más, de lo que pude decir de frente, léelas, y trata de entender... veras que nunca me di por vencido...si sufrí, si llore, y me enferme...como todo humano...más me encontré con Dios...el me llevo de la mano...de por si siempre sonreía...mi actitud arriba mirando en lo que yo creía...aquí no se acabó todo, voy por lo me falta por sentir...y será a mi modo...

Me olvide de vivir tantas veces, sin pensar en mí, ni en consecuencias, solo quería hacer felices a los que tanto quería en esta mi vida terrenal...espero haberlo logrado o por lo menos dejarles algo como enseñanza...para vivir y enseñar a nuestros descendientes amados...

Hay ciertos años que no entendemos y hasta estúpidos somos por pensar en ser jóvenes eternos... y nadie absolutamente nadie lo es... si hay suerte de envejecer y entender...

La muerte la terminamos enfrentando todos como enfrentamos la vida, solos a nuestra manera... al final depende de nosotros como morir a pesar de cualquier circunstancia de vida...

Tenemos esos segundos de vida para perdonar o amargarnos por lo que no hicimos,.. Y cuánto tiempo tuvimos...

Al menos aprovecha esos segundos y da tu resto, al respeto que Dios te dio y pídele perdón por tu falta de respeto hacia él...

Porque Dios nunca te fallo...

Muchos renegaron por no entender la muerte, y en vez de rezar, se pusieron a llorar sus pérdidas, en vez de agradecer lo prestado...

Escribí tantas historias de vida...que llore con cada uno su perdida y recé siempre por su entendimiento por cada uno...

Morir no duele, ¿cómo se los digo?... yo sé lo que es morir... es una paz absoluta...

Están llorando por la pérdida física y entiendo, a todos nos pasa...pero los que estamos en Dios entendemos la pausa...

Entiendan la vida y la muerte, mi abuelo me lo dijo... en esta vida se trata de saber vivir...para saber morir...

Hay que dejar ir lo que Dios nos ha prestado... y se agradecido...siendo humilde, esperando tu propia muerte... sonriendo en paz y lleno de la hermosa existencia que fuiste....

EL DIA QUE YA NO DESPIERTE, NO TE ENOJES CONMIGO

El día que ya no despierte… no te enojes conmigo… perdóname… te aseguro que no era mi intención de faltarte, mucho menos de seguir apoyándote como siempre…lamento eso…lamento tu dolor… por mi ausencia, no quería eso… solo me sentí cansado…después ya no supe… Lo que hayas decidido de mi cuerpo está bien amor…tierra o fuego, que importa…ya no siento nada…al menos eso creo…me falto más enseñarte de la vida…y del tiempo que no deja de pasar y te lo grita en el día a día, y en el espejo cuando ves tu cara marchitar…

Perdóname por favor, el día…que ya no despierte y ya no te mire…no te enojes conmigo si ya no te abrazo…ni te beso…mírame dormido feliz y soñando en ese eterno amor que deje… reza por mi eterno descanso hacia el cielo que espero llegar y ser recibido entre las nubes y la calma que provoca el cielo cuando lo miras… Me imagino que será de eterno como el mar mismo cuando lo miras desde la arena…sentado y contemplando tanta inmensidad y hermosura…

El día que ya no despierte y te sonría frente a tus ojos…perdóname mi amor…creo tener la culpa. Solo quería dormir en paz y sonriendo…por este tanto amor que siento…por las dichas y tantos hermosos momentos que mi padre Dios me regalo…con mi sangre que quedo destinada en ti…y en mi descendencia…

El día que ya no despierte amor, bésame la frente como postrer bendición….bésame los labios que tanto te besaron…aun estarán tibios de tanto amor…

Y bésame el pecho donde está mi corazón que tanto te amo por sobre todas las cosas... y sobre todas las cosas no te enojes conmigo...yo no quería irme de ti...solo que Dios me llamo...y tuve que ir...pues me encomendó tu cuidado...así que cuando pienses en mi...sonríe te estoy cuidando amor....imagíname sonriéndote y protegiéndote siempre...

El día que ya no despierte... no te enojes conmigo... perdóname... te aseguro que no era mi intención de faltarte.

Made in the USA
Columbia, SC
21 February 2023